教育部人文社会科学研究规划基金项目（编号：19YJA630028）结项成果

中央高校基本科研业务费专著出版资助项目（编号：JBK2104009）结项成果

四川省乡村振兴发展研究院系列研究成果

李雪峰　贾晋　著

A STUDY ON
THE PERFORMANCE OF
ONE VILLAGE ONE KINDERGARTEN
PROGRAM

「一村一幼」计划
绩效研究

让孩子
站上
公平起跑线

ENABLING
A FAIR STARTING LINE
FOR

CHILDREN

社会科学文献出版社
SOCIAL SCIENCES ACADEMIC PRESS (CHINA)

前　言

党的十八大以来，教育扶贫作为阻断贫困代际传递的重要手段，迅速上升到前所未有的战略高度。然而，民族地区农村学前教育作为农村公共服务供给的重要组成部分，仍面临教育资源匮乏、整体发展水平落后的现实困境，这已成为制约整体教育水平提升的关键因素。为加强民族地区农村学前教育服务供给，各级党委、政府出台了一系列政策文件，但整体效果并不理想。就目前看来，关于民族地区农村学前教育服务到底应该由谁来供给、为谁供给以及如何供给等基本问题，尚未得到系统回答，仍待在理论层面进行全面厘清。

四川省民族地区"一村一幼"计划的创新实施，在普及农村学前教育方面取得了显著的成效，具有较强的政策示范性，为本研究提供了合适的案例支撑。那么，"一村一幼"计划的政策绩效究竟如何？是否完成了既定的目标？特别是在乡村振兴背景下，是否有助于城乡公共服务均等化目标的实现？如果政策绩效存在偏差，那么问题的根源是什么？对其他民族地区优化农村学前教育服务供给是否具有借鉴价值？对上述一系列问题的探讨具有较强的理论意义与现实意义。

　　本研究系统梳理了乡村振兴战略对农村学前教育服务供给的影响，并通过构建农村学前教育服务供需匹配曲线，对民族地区农村学前教育服务供给提出了相应的理论启示。同时，借鉴公共产品理论、新公共管理理论和新公共服务理论的基本观点，对民族地区农村学前教育服务的产品性质、供给责任、供给导向以及优化策略进行了系统的理论探讨。在此基础上，以四川省"一村一幼"计划为例，通过全面梳理其发展概要，构建合适的绩效评估框架，对其政策绩效进行了定性和定量评估，并以此对"一村一幼"计划进行整体评价以及给出优化建议。本研究所得结论既为优化"一村一幼"计划的政策内容提供了有益思考，也为其他民族地区推进农村学前教育服务供给提供了有益借鉴。在具体的研究过程中，笔者主要得到了以下研究结论。

　　第一，乡村振兴战略对城乡关系进行了再调适，不仅将通过政策资源倾斜，对农村学前教育服务供给产生显著的直接影响，还将通过促农增收、要素配置、人口流动等其他途径，改变农村学前教育服务供给的外部环境，对农村学前教育服务供给提出新的挑战，产生显著的间接影响。乡村振兴战略对农村学前教育服务供给的影响是全方位的，既有机遇也有挑战。若不能把握机遇，应对挑战，不仅难以保有前期农村学前教育服务供给的发展成果，还可能陷入新的发展困境。

　　第二，就产品性质而言，应以公共价值为依托，突出民族地区农村学前教育服务的准公共产品性质；就供给责任而言，应由政府承担服务供给的主导责任，并通过建立健全农村学前教育服务市场，引导市场主体分担相应的供给责任，逐渐形成多元服务供给模式；就供给导向而言，应倡导公共利益导向，在确保实现教育公平的基础上，适度增加对供给效率的考量；就优化策略而言，应坚持"以评促优"的方式，基于服务供给绩效的实时监测情况，对民族地区农村学前教育服务供给内容实施动态调整。

第三，政府主导下的农村学前教育在理论层面将经历供不应需、供过于需后，再回到供不应需，最终达到供需均等四个阶段，其中供需均等阶段意味着实现了城乡学前教育一体化和办好人民满意的教育的新时代目标。根据农村学前教育匹配分析结果，在民族地区农村学前教育服务供给过程中，应该警惕农村学前教育服务陷入低水平供给陷阱和农村学前教育出现适龄儿童"空心化"现象，并且注重实施农村学前教育服务的效率供给、有效供给和精准供给三种优化措施。

第四，"一村一幼"计划极大地推动了四川省民族地区学前教育事业的发展，为基层党组织建设提供了新的阵地，有效提高了乡风文明的整体水平。同时，"一村一幼"计划不仅在短期内促成民族地区农村学前教育服务的"广覆盖"，实现了对全国、全省平均水平的反超，还在一定程度上兼顾了对儿童入学准备能力的培养。"一村一幼"计划有效地体现了政府的主导责任，创新了教育扶贫的实践内容，符合新时代背景，并且所取得的政策绩效基本达到了预期目标，对其他民族地区推进农村学前教育服务供给具有重要的借鉴价值。

第五，基于教育公平的考虑，"一村一幼"计划的实施具有合理性。但四川省民族地区各县在推进"一村一幼"计划的过程中，由于投入的财政资金量已远远超过当地的最优投入规模，教育财政效率表现出低效性。同时，"一村一幼"计划所提供的学前教育服务的质量短板主要体现在表达能力、科学探索、学习习惯和学业成绩等方面，而这些内容正好是影响家长主观评价的关键因素，未能有效契合家长的教育服务需求，存在严重的服务供给与需求错位问题。为确保"一村一幼"计划的健康发展，亟须从稳步提高教育财政效率、扶持普惠性民办幼儿园等方面进行政策优化。

目　录

第一章
绪　论

第一节　选题背景与国内外研究综述

一　选题背景

党的十八大以来，以习近平同志为核心的党中央对扶贫开发工作做出了一系列深刻阐述和全面部署，把脱贫攻坚摆到治国理政的突出位置。教育扶贫作为阻断贫困代际传递的重要手段，迅速上升到前所未有的战略高度。为解决好"怎么扶"的问题，2015 年 11 月，中央扶贫开发工作会议提出了"五个一批"工程。其中，"发展教育脱贫一批"作为"五个一批"工程的重要内容，明确了"治贫先治愚，扶贫先扶智，国家教育经费要继续向贫困地区倾斜、向基础教育倾斜、向职业教育倾斜，帮助贫困地区改善办学条件，对农村贫困家庭幼儿特别是留守儿童给予特殊关爱"，赋予教育事业在精准扶贫中的重要使命。同月，中共中央、国务院颁布《中共中央国务院关于打赢脱贫攻坚战的决定》，明确提出通过"加快实施教育扶贫工程，让贫困家庭子女都能接受公平有质量的教育"，实现"阻断贫困代际传递"的预期目标。教育，不仅在现阶段被赋予了"智力扶贫"的艰巨任务，同时在未来较长的一段时间内，还将继续肩负阻断返贫的重要使命。

2018 年 2 月，习近平总书记赴四川省凉山州考察时明确指出，"最重要的，教育必须跟上，决不能再让孩子输在起跑线上"。我国是一个统一的多民族国家，共有 55 个少数民族、155 个民族自治地方，少数民族人口占全国总人口的 8.5%，民族自治地方面积占全国国土总面积的 64%①。受自然、历史等多方面因素的影响，民族地区的经济社会发展水平整体滞后。我国有 14 个集中连片特困地区，其中有 11 个位于民族地区。民族地区表现出贫困量大面广、贫困分布与生态脆弱区高度耦合、贫困人口脱贫难度大等显著特征，贫困呈现整体性、长期性发展态势。究其原因，民族地区贫困人口普遍缺乏人力资本素质，这极大地限制了他们的增收渠道，导致了现阶段的贫困状态。而人力资本的投资必然会受家庭贫困的影响，导致家庭人力资本素质低与贫困之间存在一种恶性循环机制。因此，为提高劳动者人力资本素质，打破贫困恶性循环，实施教育扶贫已成为民族地区阻断贫困代际传递的重要途径。

学前教育作为国民教育的基础，对实现教育和社会公平、国民素养整体提升、打破贫困的代际传递、提高国家未来核心竞争力具有重要战略意义（庞丽娟等，2012）。经济合作与发展组织（OECD）的近期研究结果表明，增加学前教育的投入可以节省政府在儿童成年后的补偿教育、社会保障等诸多方面的投入，进而减轻

---

① 相关内容来源于《"十三五"促进民族地区和人口较少民族发展规划》，具体参见：http://www.gov.cn/xinwen/2017－01/24/content_5163017.htm。

整个国家的经济负担。2010 年出台的《国家中长期教育改革和发展规划纲要（2010—2020 年）》便充分肯定了学前教育在幼儿身心健康、习惯养成、智力发展中所发挥的重要作用，并且提出要"支持贫困地区发展学前教育"，实现"公共教育资源要向民族地区倾斜"。然而，《2017 年全国教育事业发展统计公报》数据显示，2017 年全国学前毛入园率仅为 79.6%。特别是在深度贫困的民族地区的农村，学前毛入园率可能更低。面对民族地区农村学前教育资源匮乏、整体发展水平落后的现实困境，各级党委、政府虽然出台了一系列的专项扶持政策，致力于推进农村学前教育事业的发展，但就整体发展成效来看并不理想。就目前而言，民族地区农村学前教育服务到底应该由谁来供给、为谁供给以及如何供给，这些基本问题尚未得到系统回答，仍待在理论层面进行全面厘清。庆幸的是，当前已有部分民族地区在推进农村学前教育服务供给方面取得了显著的成效，具有较强的政策示范性，为本研究提供了较好的案例支撑，有助于理论探讨与实践经验的进一步结合。

四川省是多民族大省，有全国唯一的羌族聚居区、最大的彝族聚居区和第二大的藏族聚居区。据第六次全国人口普查结果，四川省少数民族总人数达 490.8 万人，居全国第六位，占到全省总人口的 6.1%。为切断贫困代际传递、强化人力资本积累，四川省始终把民族地区教育摆在优先发展的战略位置。自 2000 年实施民族地区教育发展十年行动计划以来，四川省民族地区"普九"人口覆盖率由 2000 年的 19.83% 提高到 2010 年的 99%，民族地区教育事业实现跨越发展[①]。然而，学前教育发展滞后问题

---

① 相关内容来源于《四川省民族地区教育十年大跨越》，具体参见：http://www.sc.gov.cn/10462/10464/10465/10574/2010/10/11/10144870.shtml。

并未在此期间得到有效解决，无论是办园规模还是办园质量都难以满足群众需求。未接受过学前教育的儿童在进入小学后，普遍面临入学准备不足的挑战。其中，最大的挑战是部分儿童上小学后才开始学习汉语，常跟不上正常的教学进度。语言障碍导致的学业困境，已成为民族地区学生辍学率较高、升学率低的重要原因①。

为切实解决农村学前教育特别是双语学前教育薄弱的问题，中共阿坝州委组织部、阿坝州教育局、阿坝州财政局于 2012 年 9 月正式印发《关于推进"一村一幼"学前教育工作的指导意见》（阿委组通〔2012〕143 号），按照"政府主导、社会参与、公办为主、普及提高、创新发展"的思路，在我国民族地区率先吹响了"一村一幼"计划的号角。此后，"一村一幼"计划作为解决农村学前教育"入学难"问题的创新探索，正式上升为四川省的重大教育扶贫工程，并陆续推广至全省民族地区。2015 年起，四川省委、省政府决定在大小凉山彝区实施"一村一幼"计划，并于 2017 年起把支持范围由彝区 13 个县扩展到民族自治地方 51 个县（市）②。而且为确保"一村一幼"计划的顺利实施，一方面，要求各市（州）将"一村一幼"计划的实施责任具体落实到个人，将发展目标作为硬性考核指标，与官员晋升直接挂钩，大幅提高了地方政府的重视程度；另一方面，通过省财政出资，补贴每名农村在园幼儿的保教费和午餐补助，并按照 2000 元/（人·月）为每个农村幼儿园补贴 2 名辅导员的劳务报酬费。同时，要

①　相关内容来源于《四川民族地区 51 个县市今年实现学前双语教育"全覆盖"》，具体参见：http://www.gov.cn/xinwen/2017 – 02/24/content_ 5170534. htm。

②　相关内容来源于《四川"一村一幼"计划扩展到民族自治地方 51 县》，具体参见：http://www.sc.gov.cn/10462/12771/2017/5/19/10423127. shtml。

求将学前教育资金纳入州、县财政支出预算，确保相应经费能够在规定时间内足额到位。

从全省试点、推广到普遍覆盖的六年多时间里，四川省民族地区各县（市）为更好地推进"一村一幼"计划的实施，主动结合区域社会经济发展现状，在园区布局、师资培育、资源配套等方面不断地进行自我完善，实现了"一村一幼"计划的可持续发展（李雪峰，2018）。那么，"一村一幼"计划作为四川省民族地区加强农村学前教育服务供给的创新之举，其政策绩效究竟如何？是否完成了既定的目标？特别是在乡村振兴背景下，是否有助于城乡公共服务均等化目标的实现？如果政策绩效存在偏差，那么问题的根源是什么？对其他民族地区优化农村学前教育服务供给是否具有借鉴价值？为回答上述问题，本研究将在对民族地区农村学前教育服务供给进行理论探讨的基础上，以四川省"一村一幼"计划为例开展系统的案例研究，既为优化四川省民族地区农村学前教育服务供给提供有益的思考，也为其他民族地区加强农村学前教育服务供给提供有益的借鉴。

二　国内外研究综述

（一）关于学前教育服务供给的相关研究

1. 学前教育服务的供给价值

教育家陶行知先生曾说："小学教育是建国之本，幼稚教育尤为根本之本。"学前教育作为国民教育的基础，被誉为"教育的基石"，对个体全面健康发展、国民素养整体提升、实现教育和社会公平、阻断贫困的代际传递、提高国家未来核心竞争力具有重要的战略意义（庞丽娟等，2012）。就不同国家和地区的发展经验来看，学前教育服务供给的重要价值在全球范围内得到了广泛的认同，并且针对各类处境不利的儿童及家庭，各国和地区出台了专门的学前教育普及行动计划。例如印度的"儿童发展综合服务计划"、美国的"开端计划"、英国的"确保开端计划"等（庞丽娟等，2012）。据统计，OECD 成员国将国内生产总值的0.75% 投入学前教育补贴和学前教育发展中（Jaumotte，2003）。

　　就微观层面而言，国外学者通常选择从学生能力成长角度探讨学前教育服务的供给价值。例如，有学者从认知能力、学业成就、收入水平等多个维度出发，分析了学前教育经历对各个年龄阶段群体造成的影响。总的来说，就目前看来，绝大多数学者对学前教育服务的供给价值均持肯定态度。例如，Berlinski 等（2008）基于乌拉圭家庭调查数据（ECH）研究发现，学前教育经历能够显著地降低青少年的辍学率，进而延长他们的受教育年限。Heckman 等（2010）基于高瞻佩里学前教育项目数据研究发现，该项目的年均社会收益率非常可观，远高于普通商业回报率，普遍能够达到7% ~ 10%。Heckman 和 Raut（2016）基于美国国家青年纵向调查（NLSY）数据研究发现，为低收入家庭子女提供免费的学前教育服务，将产生显著的代际收入流动性和教育流动性等代际效应，有效地打破了"代际贫困"循环。需指出的是，在人的生命周期中，对早期技能培养的投资具有较高的回报，会对个人未来成功的必备技能产生乘数增长，并且这种早期投资的不足在后期是难以弥补的（Cunha et al.，2006）。换言之，学前教育经历对个体发展具有持续性影响，并不会随着个体年龄的增长而逐渐失去影响。

　　当然，国内也有部分学者从微观层面对学前教育服务的供给价值问题进行了研究，但受限于调查数据不足，相应的实证研究起步较晚。例如，Rao 等（2012）研究发现，学前教育经历有利于提高小学一年级学生的学业成绩，并且该正向效应会随学前教育质量的提高而提高。刘焱等（2013）研究发现，学前一年教育有助于提升幼儿在数学学习和语言发展方面的能力，并且教育环境质量的提升对其教育效能具有正向预测效应。Gong 等 （2016）基于中国家庭追踪调查数据实证发现，接受学前教育有利于青少年提高社交能力。涂荣珍等（2017）基于中国教育追踪调查数据和实证研究发现，学前教育的价值具有长期性和普遍性，它不仅对初中生的成绩有积极的影响，而且对降低初中生的留级概率具有显著作用。贾晋等（2018）基于中国教育追踪调查数据研究发现，学前教育经历有助于提高青少年在初中阶段的学业成绩、认知能力和社交能力，而在探索求知、语言表达和健康水平方面未能表现出显著影响。

2. 学前教育服务的供给责任

学前教育服务供给所面临的诸多问题，究其根源仍是一个责任问题。谁该承担学前教育服务的供给责任，承担多大的责任，如何承担承认，都是当前未能得到妥善解决的学前教育服务供给的本源性问题。学前教育虽然不是义务教育，但这并不意味着政府能够推卸对学前教育服务供给应该承担的责任。正如杨冬梅等（2010）整理全球主要国家和地区学前教育办园体制改革的经验后所提出的，国际社会对学前教育重大意义与价值的认识日趋深刻，因而多数国家和地区强化了政府在学前教育服务供给中的主导责任，强调以公立学前教育机构为主导力量推进学前教育的普及工作，并引导私立学前教育向多元化、非营利性方向发展。可以看出，由政府承担学前教育服务供给的主导责任其实已在全球范围内达成了广泛认识。

改革开放 40 余年来，我国政府在学前教育服务供给中的责任边界经历了从承担"底线责任"到"退位"再到"主导"的演变，政府自身承担责任的意识逐步增强（李琳，2019）。然而，政府在主导学前教育服务供给中承担的责任仍显不足，缺乏相应的管理制度、经费制度、办园规范制度等的有力保障，导致当前我国学前教育事业发展出现了一系列问题，亟须政府切实履行和加强学前教育服务的供给责任（洪秀敏和庞丽娟，2009）。就目前来看，政府需要承担的责任可概括为制订学前教育发展规划、提供公共财政支持、制订准入和退出规则、规范收费价格规则、完善质量管控规则等方面（郑子莹和王德清，2012）。其中，提供公共财政支持这一责任较为重要，引起了社会各界的广泛探讨。

正如虞永平（2007）所指出的，政府的财政支持是决定学前教育服务供给水平的关键因素，政府应该将学前教育作为社会公共事业进行发展，而不是盲目地将其推向市场。从经济学来看，政府提供公共财政支持的正当性来源于学前教育所带来的正向外部效应。正向外部效应将导致"市场失灵"，表现为学前教育服务的市场供给不足，而政府为学前教育提供财政支持的目的，正是对其正向外部效应的合理补偿，以此提高学前教育的供给数量和供给质量（柏檀等，2018）。然而，在学前教育投入中，政府应该承担什么责任，与其他主体之间的责任如何协调，各级政府之间的责任如何划分，如何保障和规范政府责任的履行等问题，至今仍未得到妥善解决，这些问题制约政府的学前教育服务供给水平的提升（邬平川，2014）。为解决上述问题，部分学者从财政投入的分担机制、保障机制等方面做出了大量有益的探索（黄洪等，2014；李祥云和徐晓，2015；赵海利，2016）。

3. 学前教育服务的供给模式

为解决当前学前教育服务供给存在的问题，学术界就通过多元合作供给模式提供学前教育服务达成了广泛共识。根据市场机制和政府作用的基本逻辑和规则，将两者相结合才是当前加强我国学前教育服务供给的现实路径（崔总合，2018）。在诸多学前教育服务供给类型中，既有政府主导的服务供给，也有营利性组织主导的服务供给，还有非营利性部门主导的服务供给。这三类教育服务供给主体可以通过开展合作实现互为补充，形成多元化学前教育服务供给模式，提供更加多样化教育服务选择，以此更好地满足公众的不同教育服务需求（尚伟伟，2016）。当然，为保障多元合作供给模式的顺利运行，需要坚持普及优先、费用合理分担、政府公共财政主导的原则（武端利和李长真，2017），尤其是把握好政府与市场的关系，明确各自的责任与行为边界，这将有助于政府、家庭和社会成本的节约和收益的共享（郑子莹和王德清，2012）。

需强调的是，无论如何强调多元化合作供给模式的优势，政府在学前教育服务供给中应该承担的主导责任都是不可推卸的。但部分学者一味地强调市场供给的重要性，使得多元化合作模式偏离了政府主导的政策初衷。例如，王水娟和柏檀（2012a）认为现阶段关于将学前教育纳入义务教育范畴，由政府完全承担学前教育服务供给的提议缺乏经济基础，很多地区的财政能力难以负担免费学前教育的重任。可行的做法在于鼓励社会力量以多种形式创办幼儿园，让教育部门办园、民办园、集体办园等各类幼儿园"自由"供给服务，而政府在此过程中只需承担为这类服务"买单"的责任，对所有类型的幼儿园一视同仁。不可否认，将学前教育纳入义务教育范畴将极大地增加各级政府的财政负担，但已有研究测算发现，若维持三年行动计划结束时的财政教育经费投入占比水平，大概到 2018 年便能实现以"中等质量"将学前一年纳入义务教育。若按照三年行动计划期间的速度增长，2017 年便能够实现以"良好质量"将学前一年纳入义务教育（刘焱等，2014）。

当然，暂不论学前教育是否能够纳入义务教育范畴，笔者对王水娟和柏檀（2012a）的服务供给观点仍持反对意见。引入市场供给作为补充，营造良好的市场竞争氛围，引导多元办园主体形成良性发展态势，这一做法在学前教育市场发育成熟的地区可能会发挥显著的正向效应。但在学前教育市场发育不足的地区，例如农村地区、贫困地区等，缺乏市场主体"落地生根"的基础，只能够依靠政府承担服务供给的主导责任，不然将会导致严重的教育不公平问题。因此，强调多元服务供给方式并不代表政府能够卸下学前教育服务供给的主导责任，将相应的供给责任完全交由市场承担，而是要求政府因地制宜，在保障教育公平的基础上，充分利用市场力量，在不同地区探索推行多元合作供给模式的差异化实现形式。

（二）关于农村学前教育服务供需现状的相关研究

1. 农村学前教育服务的供给现状

在大量扶持政策的推动下，我国农村学前教育迎来了快速发展期，在普及学前教育资源方面取得了显著的成效（裘指挥等，2016）。然而，在充分肯定发展成效的同时，还需要清晰地认识到我国农村学前教育发展不充分不平衡的问题仍然较为突出。陈蓉晖和安相丞（2018）通过建构学前教育公益普惠指标体系，对我国农村学前教育公益普惠水平进行测评发现，我国农村学前教育公益普惠水平仍低于全国总水平，并且省际农村学前教育公益普惠水平存在显著差距。进一步地，苏隆中和赵峰（2016）通过构建我国农村学前教育发展水平评价指标体系，对我国31个省份的农村学前教育发展水平进行测算发现，东部地区的农村学前教育综合发展水平普遍高于中部和西部地区，并且不同地区内部在农村学前教育发展水平上又呈现各自的特征。在农村学前教育服务的供给侧，供给主体结构失衡、普惠性教育资源不足、服务质量较差和供给效率不高等问题亟待解决（贺红芳和刘天子，2018），引起了学术界的广泛讨论。具体的问题表现在以下四个方面。

第一，农村学前教育服务供给总量不足。受限于农村学前教育发展基础薄弱、适龄儿童人口基数大等现实情况，即使各级党委、政府提高了财政投入水平，仍面临农村学前教育服务供给总量不足的难题。在民族地区、贫困地区、中西部革命老区等地区，农村学前教育服务的普及情况更不理想。例如，庞丽娟等（2016）通过整理各级党委、政府的工作报告发现，中西部连片贫困地区的学前教育三年毛入园率普遍在50%以下，远低于全国平均水平，不少贫困县甚至仅为30%～40%；在一些中西部省份的市、县，仍然不能保证每个乡镇都拥有一所幼儿园。特别是对于农村留守儿童、困难家庭儿童和残疾儿童等家庭处境不利的儿童，大部分仍因经济困难、教育资源供给不足，面临"入园难"的问题。

第二，农村学前教育服务供给结构失衡。为探索学前教育的多元服务供给模式，满足农村居民的多元化服务需求，各地就创新农村学前教育服务供给模式做出了大量的探索，例如"公办化"的政府供给模式、"公办为主体、民办为补充"的协同供给模式、"公办为主导，民办为主体"的协同供给模式等（张更立和阮成武，2015）。然而，上述供给模式尚未在全国范围内发挥应有的示范效应，多数地区的农村学前教育服务供给模式仍较为单一，面临较为严重的结构失衡问题。贺红芳和刘天子（2018）明确指出，农村学前教育在供给主体、供给产品和供给方式三个方面存在结构失衡现象。其中，供给主体失衡表现为，以地方政府和农民群众为主，企事业单位、其他部门和社会团体所发挥的作用相对有限；供给产品失衡表现为，只有乡镇中心园、少量的集体办园和民办园能够满足农民群众对普惠性学前教育的需求；供给方式失衡表现为，政府采用的是"自上而下"的供给方式，依次满足县、乡镇、行政村、边远山村，而后者往往是供给缺口最大的地区。

第三，农村学前教育服务供给质量不高。我国农村学前教育目前仍处于"广覆盖"阶段，存在"重数量、轻质量"的服务供给倾向，表现为低端服务过剩和中高端服务不足并存的"供需错配"问题。其中，师资队伍建设不强问题的表现更为突出。例如，赖昀等（2015）基于陕西省 X 市农村学前教师资源现状的调研发现，学前教育教师数量缺口巨大且结构失调，教师质量参差不齐，极大地影响了学前教育服务质量的提高。徐群（2015）对江苏省内经济发展水平不同的 3 个市进行实地调研发现，江苏省农村学前教育师资队伍建设整体不强，具体表现为在编教师数量不足、教师年龄结构不优、学历水平低、专业素质不高、教师资格获得率低、生师比高等方面。此外，农村学前教育质量不高还体现在硬件设施配置不足，"小学化""城市化"倾向严重等方面（阳曼超和孙启进，2012；崔国富和耿海英，2013）。

第四，农村学前教育服务供给效率不足。在"地方负责"的管理体制下，农村学前教育责任主体重心过低，而中央和省级政府统筹管理力度不足，导致县级政府和乡镇政府权责配置失衡，难以从整体层面引领农村学前教育发展。即使在县级政府内部，也存在部门间管理权责划分混乱，多头管理与主体缺失的问题，"谁都在管，但谁都没有真正管"的现象较为突出，未能形成有效的协同合作机制。同时，由于农村学前教育的督导评估机制和激励机制不完善或者流于形式，无法充分调动政府积极性，各种发展乱象难以得到及时纠正（夏婧，2013）。廖莉和谢少华（2015）从政府行为角度出发，发现政府在推进农村学前教育发展的过程中，充分体现了"经济人"的自私和理性特征，具体表现为决策阶段的排他性、执行阶段的完全理性和评估阶段的缺失。而出现上述行为偏差的主要原因为决策者的价值偏好、执行者的资源缺乏、利益集团的分利竞争、政策受体的干扰等方面。

2. 农村学前教育服务的需求现状

农村学前教育服务的需求现状研究可分为两个类型：一是数量需求预测；二是质量需求分析。就数量需求预测而言，《国务院关于当前发展学前教育的若干意见》明确提出，要"结合本区域经济社会发展状况和适龄人口分布、变化趋势，科学测算入园需求和供需缺口，确定发展目标"。为完成上述目标，部分学者开展了大量的需求预测研究。例如，张辉蓉等（2013）以2009年人口数据作为基点，对我国2013～2020年城乡学前教育阶段学龄人口数进行预测。研究发现，虽然城市当期的学龄人口少于农村，但在预测时间内，城市学龄人口数将逐年上升，而农村学龄人口将逐年下降。根据测算结果，农村在园幼儿数将于2020年达到2063.98万人，届时需要11.56万所农村幼儿园，137.60万名专任教师，68.80万名保育员。需指出的是，"全面二孩"政策实施以来，全国学龄前人口的发展趋势发生了巨大改变。学术界对学前教育服务需求的预测研究再次迎来了高峰。例如，李玲等（2018）使用 Leslie 矩阵建立人口预测模型，基于第六次全国人口普查数据，估算了"全面二孩"政策下，我国 2017～2035 年城乡常住学前教育适龄人口规模和在园幼儿数、所需的园所、师资和经费配置。其中，农村在园幼儿数于 2021 年将达到峰值2308.32 万人后，将逐渐下降到 2035 年的 1327.22 万人。

　　就质量需求分析而言，考虑到家长作为学前教育服务的消费者，他们的亲身经历能够为学前教育提供更加独特的质量评价观点。Katz（1993）提出了一个由外到内的观点，即评估家长对课程质量的体验，通过评估反映家长与教师关系以及学校在多大程度上重视家长对子女的目标。具体而言，优质的家长与教师关系应体现尊重、接受、开放、包容和宽容等属性，而不是控制、拒绝、责备或偏见。父母对子女的目标和价值观在课程编制和修订中应得到相应的尊重和考虑（Kim & Fram，2009；Scopelliti & Musatti，2013）。现有研究已证实，市场化运作下的学前教育发展模式，由于竞争机制的存在，服务供给者会根据家长的偏好对供给方式进行优化，进而不断地提升服务供给质量（Moss，2009）。

　　就我国学前教育的家长需求分析而言，仍存在一定的分歧。多数国外研究认为我国家长更倾向于让幼儿园为子女提供基本技能，以便为小学入学和学术竞赛做好准备（Li，2004；Luo et al.，2013）。然而，新近研究中有学者对上述结论提出质疑。Hu 等（2016）便指出，我国家长更加重视孩子的身心健康，他们认为身心健康比获得学术知识和技能更重要。需指出的是，由于我国区域间的社会经济发展水平存在较大差异，家长对于学前教育服务的需求内容难免有所不同，佢大多数学者就家长的学前教育服务需求具有动态变化特征达成广泛共识。因此，为有效满足家长的学前教育服务需求，众多学者从家长需求视角出发，分析了家长对学前教育的质量评价及其影响因素（Fantuzzo et al.，2006；Jinnah & Walters，2008；LaForett & Mendez，2010）。

（三）关于民族地区农村学前教育的相关研究

1. 民族地区农村学前教育面临的问题

针对民族地区农村学前教育面临的问题，部分学者开展了大量的实地调查研究。例如，以村为单位开展的实地调查研究。张卫民和张敏（2014）基于重庆市秀山县金珠苗寨的实地调研发现，民族地区农村学前教育面临的主要问题表现为：一是父母外出务工，儿童只能由祖辈监护或单亲监护，导致家庭早期教育缺失，难以满足儿童健康成长的需求；二是农村学前教育服务质量不足，小学转岗教师不具备相应的保育教育技能，"小学化"现象较为严重，导致学前教育"在其位而不谋其职"；三是村寨的原始教化功能逐渐丧失，民俗文化日渐弱化，儿童已没有固定的途径接受本族语言和文化的学习，导致民族传统文化难以得到有效传承。

与此同时，也有在更大区域范围开展的实地调查研究。例如，王美英（2017）基于四川省凉山州的实地调研发现，凉山州学前教育面临的主要问题表现为：一是学前教育资金匮乏，仍有大量的偏远乡村缺乏学前教育服务供给；二是部分群众的思想观念较为陈旧保守，缺乏主动开展儿童学前教育启蒙的意识；三是部分幼儿园办园条件差，存在严重的安全隐患，生活、卫生条件差，食品质量无法得到保障；四是幼儿师资队伍建设不强，教师缺口数量大，边远乡村教师调离甚至辞职等流失现象严重；五是部分教师缺乏双语教学能力，难以帮助汉语能力较差的儿童养成双语互替使用的习惯；六是缺乏适应于民族教育的本土教材，而沿用汉语统编教材难以契合民族地区儿童的保育教育需求。当然，类似的研究还有很多，在此不一一赘述（例如，徐宝华和谭晓静，2012；谢应宽等，2014；曹鑫莉等，2018）。

总的来说，民族地区农村学前教育面临的问题，既有较之非民族地区表现得更加严峻的共性问题，也有文化、语言、宗教信仰等方面差异导致的个性问题。其中，共性问题主要表现在资金投入不足、办园条件较差、师资队伍不强等方面；个性问题主要表现在群众教育意识不强、双语教学能力较弱、本土教程教材缺乏、民族文化传承不足等方面。需指出的是，民族地区当前所面临的最紧迫的问题是"入园难"问题，集中表现在共性问题方面，而应对个性问题是在解决共性问题的基础上，对民族地区农村学前教育服务质量的再提升。因此，首先应该解决民族地区农村学前教育"有没有"的问题，再解决"好不好"的问题。

2. 民族地区农村学前教育的发展对策

在解决民族地区农村学前教育的共性问题方面，绝大多数学者的观点较为一致，沿用了非民族地区的解决办法，重点从"钱"和"人"两个方面入手，可概括为以下三点：一是完善政府财政投入体系，制定学前教育生均经费最低标准，明确各级政府的财政分担比例，确保学前教育财政资金的足量投入；二是加强幼儿师资队伍建设，扩大民族地区学前教育教师招收计划，与各类师范院校建立一体化培养和培训体系，加快提高教师保育教育技能，并且提高民族地区教师待遇，更好地留住和吸引高素质教师；三是推进多元合作供给模式，为社会资本新办幼儿园提供更加宽松的政策环境和更加优惠的奖补办法，丰富民族地区农村学前教育服务的供给渠道（赵彦俊和卢政婷，2015）。

在解决民族地区农村学前教育的个性问题方面，部分学者基于我国民族教育发展的经验总结，提出了有益的政策建议。例如，蔡红梅和李子华（2012）从以下三个方面提出了特色发展策略：一是通过教材体系、课程体系、教学体系和学习体系的建设，把现代教育、民族优秀传统文化教育和生态教育相结合，构建具有民族特色的多元文化学前教育课程体系；二是借助项目实施和课题研究的形式，建立民族地区学前教育发展的实验区，借助高校和科研机构的力量开展师资培训、课程开发等活动；三是结合文化、宗教信仰和风俗习惯，研究民族地区家长对学前教育的需求和期待，消除学前教育推进过程中来自家庭观念的阻碍。

与此同时，也有部分学者从某一具体的个性问题出发，提出了更加具有针对性的政策建议。例如，邓三英（2015）针对民族地区的特色课程开发难题，从"生活－民族－科学"三位一体理念入手，提出在学前教育的课程开发中，应回归儿童生活，要体现课程编制的"生活性"；应走向文化生态，要体现课程编制的"民族性"；应依托科学理论，要体现课程编制的"科学性"。闵兰斌和周兢（2016）针对民族地区的双语教学难题，提出要加强学前双语教育的理论与实践研究，为推进学前双语教育提供科学依据；完善双语教师的职前培养和职后培训机制，加强双语师资队伍建设；建立基层教研员队伍，为一线教师提供有效的专业指导和服务；丰富双语幼儿园的课程资源，提供师生互动的有效媒介。

（四）相关研究的简要评述

就目前来看，国内外学者就学前教育服务供给的价值、责任和模式，农村学前教育服务供需现状以及民族地区农村学前教育面临的问题和发展对策做出了全方位的探索，为本研究的开展提供了有益参考，但在以下几个方面还有待完善。

第一，相关概念仍待厘清。近年来，随着国家对农村学前教育重视程度的逐渐加强，关于农村学前教育服务供给的研究日益增多，但针对民族地区的相关研究仍然较少，并且多数研究仍停留在基于实地调研材料的经验探讨，缺乏对民族地区农村学前教育服务供给的理论探讨。需指出的是，相较于非民族地区，民族地区农村学前教育服务供给面临更多的个性问题，若仅仅沿用现有农村学前教育服务供给的相关概念论述，将对研究产生指导性偏误。因此，应该充分结合民族地区的特殊性，对诸如供给责任、供给导向、供给方式等基础概念进行系统厘清，并以此为基础进一步开展应用研究。

第二，研究视角局限。政府在建设服务型政府过程中，不仅需要强调学前教育服务的供给数量和供给质量，推进自上而下的教育政策的落实工作，还需要充分考虑人民群众的主观需求意愿，着重强调学前教育服务的有效供给，兼顾自下而上的政策反馈。然而，已有研究多从学前教育服务供给视角出发，就供给而谈供给，没能有效地将教育服务需求纳入研究范畴，忽略了教育服务的供需匹配程度和受益者的主观意愿，导致人民群众的服务需求得不到及时回应，违背了服务型政府的建设理念以及普惠性公共服务供给的基本原则。

第三，研究内容有待加强。我国民族地区开展了大量的学前教育政策创新实践，为学术研究提供了丰富的案例素材，但就目前来看，针对这些政策所开展的专题研究较为滞后，导致大量具有代表性的政策样本被闲置，这既不利于优秀的实践经验的总结和推广，也不利于理论探讨与实践经验的进一步结合。同时，现有研究通常基于宏观统计数据或实地调查材料开展分析，而在微观层面对民族地区农村学前教育服务供给的探讨不足，特别是缺乏对服务供给绩效的评估，难以全面地反映民族地区农村学前教育服务供给的实际情况。

第二节　研究思路与内容

一　研究思路

本研究的思路如图 1－1 所示。首先，分析乡村振兴战略对农村学前教育服务供给的影响，并借鉴公共产品理论、新公共管理理论和新公共服务理论的基本观点，对民族地区农村学前教育服务供给的相关概念进行理论探讨。其次，以四川省"一村一幼"计划为例，通过全面梳理其发展概要，构建合适的绩效评估框架，对其政策绩效进行定性和定量评估，并以此对"一村一幼"计划进行整体评价以及优化建议。最后，结合理论探讨与案例研究的相关结果，对民族地区农村学前教育服务的供给目标与方式进行反思，并对进一步的研究进行展望。

二　研究内容

本研究共包含以下八章内容。

第一章，绪论。本章介绍了全文的研究背景，阐述了研究选题的理论意义和现实意义，对国内外相关研究进行了文献综述，概述了研究思路和内容，介绍了主要的研究方法，并对研究可能存在的主要创新点进行了梳理。

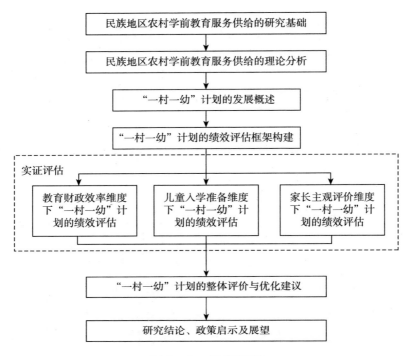

图 1 - 1　研究思路

　　第二章，民族地区农村学前教育服务供给的研究基础。本章首先基于对政策文件的梳理，将农村学前教育的发展划分成为稳步提升、市场探索、改革振兴以及政府主导四个阶段。其次，对民族地区的概念界定、发展概要进行了介绍，并分析了民族地区农村学前教育服务的特殊性。最后，以城乡关系再调适为切入点，分析了乡村振兴战略对农村学前教育服务供给所产生的影响，以此提出了农村学前教育服务供给的新时代目标。

　　第三章，民族地区农村学前教育服务供给的理论分析。本章首先通过借鉴公共产品理论、新公共管理理论和新公共服务理论的基本观点，对民族地区农村学前教育服务的产品性质、供给责任、供给导向和优化策略进行了深入的分析和探讨。其次，结合农村学前教育服务的供需特征，分别构建了农村学前教育服务的供给模型和需求模型，并进一步推导出了农村学前教育服务供需匹配曲线，揭示了不同阶段的供需匹配特征。最后，根据供需匹配分析结果，提出了对民族地区农村学前教育服务供给的理论启示。

第四章，"一村一幼"计划的发展概述。本章首先通过梳理民族地区学前教育服务供给"缺位"所造成的消极影响，提出了推进四川省"一村一幼"计划的发展逻辑。其次，对"一村一幼"计划的主要做法进行了概述，梳理了"一村一幼"计划的具体实施流程。最后，结合实地调研材料，对"一村一幼"计划取得的成效进行了概述，并对政策执行过程中面临的财政资金投入不足、村幼建设布局规划不合理、村幼办学主体结构失衡等问题进行了重点论述。

第五章，"一村一幼"计划的绩效评估框架构建。本章首先对教育政策评估的内涵及理论演进进行了介绍。其次，通过对绩效评估的实施标准和价值标准进行探讨，选择了效率标准、效益标准、效果标准用于构建"一村一幼"计划的评估标准体系。最后，分别选择了教育财政效率、儿童入学准备和家长主观评价作为评估维度，并就不同评估维度构建了相应的评估指标体系，确定了各维度含义和度量，形成了一个完备的绩效评估框架。

第六章，"一村一幼"计划的绩效评估实证研究。本章首先利用 DEA-Malmquist 指数对 2011~2017 年四川省民族地区 32 个县的教育财政效率进行了实证测算，梳理了相应的教育财政效率变化特征，并利用随机效应的面板 Tobit 模型检验了"一村一幼"计划对教育财政效率产生的影响。其次，从儿童入学准备维度入手，利用倾向得分匹配法构造了一个"反事实框架"，比较得出了村幼教育与城幼教育对儿童入学准备能力造成的不同影响，梳理出农村学前教育可能存在的质量短板和提升空间。最后，从家长主观评价维度入手，对家长的满意度评价结果进行了描述性统计分析，利用结构方程模型对影响家长满意度的因素进行了实证检验，并利用 Probit 模型实证检验了影响家长择校意愿的满意度因素。

第七章，"一村一幼"计划的整体评价与优化建议。本章首先综合"一村一幼"计划的发展概要和绩效评估结果，对"一村一幼"计划做出了整体评价，包括符合新时代背景，基本满足政策预期，合理性与低效性并存以及服务供给与需求错位。其次，从稳步提高教育财政效率、扶持普惠性民办幼儿园、加强幼儿教师队伍建设、着力提高保育教育质量、完善办学监管机制建设等五个方面，提出了进一步优化"一村一幼"计划的政策建议。

第八章，研究结论、政策启示及展望。本章首先对全文的主要结论进行了概述。其次，结合理论探讨结果与案例研究结果，对民族地区农村学前教育服务的供给目标和供给方式进行了反思。最后，结合本研究的不足之处，对未来的研究进行了展望。

第二章
民族地区农村学前教育服务
供给的研究基础

第一节　农村学前教育的发展进程

1978 年 12 月，中国共产党十一届三中全会拉开了改革开放的序幕，农村学前教育也迎来了新的发展时期。纵观过去 40 年的农村学前教育的发展历程，在农村学前教育战略定位、农村学前教育投入体制、农村学前教育管理体制等多方面因素变化的影响下，我国农村学前教育发展在经历稳步提升、市场化探索、改革振兴三个阶段后，正式进入了政府主导发展的新阶段。

1. 稳步提升阶段（1978～1995 年）

1979 年，教育部等 13 个部门联合召开了全国托幼工作会议。会后，中共中央、国务院转发了《全国托幼工作会议纪要》，针对农村学前教育的发展现状，在办园、教师待遇与培养等方面提出了具体的指导意见。1978～1982 年，我国农村学前教育发展逐渐迈入正轨，在园幼儿数从 1978 年的 579.04 万人增长至 1982 年的 755.54 万人（见表 2 - 1）。1983 年 5 月，中共中央、国务院在《关于加强和改革农村学校教育若干问题的通知》中明确提出了"积极发展幼儿教育"的要求，正式将农村学前教育发展纳入政府议事日程。同年 9 月，教育部印发的《关于发展农村幼儿教育的几点意见》明确强调了农村学前教育发展的重要价值与功能。随后，国家陆续出台了一系列政策文件，极大地促进农村学前教育的蓬勃发展。例如，1986 年 6 月，国家教委印发的《关于进一步办好幼儿学前班的意见》，从办班思想、教育教学、师资培训和领导管理等方面对农村学前教育发展提出了若干改进意见；1991 年，国家教委再次颁布《关于改进和加强学前班管理的意见》，进一步强调了举办学前班对农村幼儿教育事业发展的重要性，以及农村学前班的举办理念与原则、领导与管理等。在此期间，农村学前教育事业虽然在幼儿园数量方面呈现上下波动现象，但在园儿童数量，特别是附属于小学的学前班迎来了持续发展，总体发展态势良好。

表 2 - 1　1978 ~ 1995 年农村学前教育事业发展情况

年份	园数（万所）	幼儿数（万人）
1978	14.10	579.04
1979	13.92	627.88
1980	14.34	879.00
1981	10.04	747.90
1982	9.18	755.54
1983	9.89	752.86
1986	12.82	1130.26
1987	12.41	1150.90
1988	11.99	1118.33

续表

年份	园数（万所）	幼儿数（万人）
1989	11.94	1217.28
1991	11.10	1356.97
1993	10.49	1534.95
1994	10.31	1575.18
1995	10.67	1624.90

注：相关数据整理自《中国教育成就（1949～1983）》、《中国教育成就（1986～1990）》以及 2011～2017 年的《中国教育统计年鉴》；部分年份存在数据缺失现象。

2. 市场探索阶段（1996～2002 年）

1996 年是我国实施"九五"计划的开局之年，也是加快经济体制、政治体制改革的重要时期。此后，国家出台了一系列政策文件，改变了对农村学前教育的政策导向，导致农村学前教育进入了转型发展阵痛期。国家教委发布的《全国幼儿教育事业"九五"发展目标实施意见》（以下简称"《意见》"）明确要求，"探索适应社会主义市场经济的办园模式和内部管理机制，逐步推进幼儿教育社会化"，将农村学前教育直接引向社会化、市场化发展方向。同时，《意见》还指出，"乡（镇）应努力办好中心幼儿园并充分发挥中心园的示范、辐射及对村办园（班）的指导和管理作用"，将发展农村学前教育的责任完全落在了乡镇政府的肩上。需要指出的是，实施学前教育市场化的政策初衷在于推进政府与其他社会主体合作办园，共同为农村提供学前教育资源（涂艳国，2008）。然而，对位于行政体制底端的乡镇政府而言，分税制改革的实施不仅削弱了其财权，还使其被迫承担了更多的事权下放工作。作为农村学前教育的主要承担者，乡镇政府并没有足够的财力支撑农村学前教育的发展需求，加之片面追求经济利益最大化，缺乏对学前教育正向外部效应的认识，因而以农村学前教育市场化为由，推卸政府发展农村学前教育的责任，"关、停、并、转、卖"农村幼儿园（孙美红，2019）。如图 2－1 所示，我国农村幼儿园园所数由 1996 年的 11.04 万所下降至 2002 年的 4.91 万所，在园幼儿数由 1577.04 万人下降至 1004.9 万人，较 1996 年降幅分别为 55.5% 和 36.3%，农村学前教育发展在该阶段受到了严重的冲击。

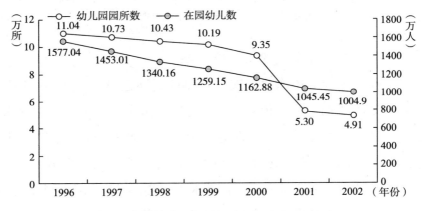

图 2－1 1996～2002 年农村学前教育事业发展情况

注：相关数据整理自 1996～2002 年的《中国教育统计年鉴》。

3. 改革振兴阶段（2003～2009 年）

2003 年 1 月，国务院办公厅转发了教育部等部门《关于幼儿教育改革与发展的指导意见》的通知，首次明确了地方政府在农村学前教育事业发展中的具体职责，即"乡（镇）人民政府承担发展农村幼儿教育的责任，负责举办乡（镇）中心幼儿园，筹措经费，改善办园条件；要发挥村民自治组织在发展幼儿教育中的作用，开展多种形式的早期教育和对家庭幼儿教育的指导"，同时在经费投入方面，要求县级以上人民政府要"扶持和发展农村及老少边穷地区的幼儿教育事业"，由此形成了农村"三级办学、二级管理"的学前教育管理体制。同年 9 月，我国召开了新中国成立以来的首次全国农村教育工作会议。同月，国务院印发了《关于进一步加强农村教育工作的决定》，明确提出"把农村教育作为教育工作的重中之重""新增教育经费主要用于农村"等要求，并且首次就农村学前教育提出要"重视并扶持农村幼儿教育的发展""充分利用农村中小学布局调整后富余的教育资源发展幼儿教育"。随后，中央和地方政府陆续出台了一系列政策措施，为农村学前教育事业发展提供了政策性保障。如图 2 - 2 所示，我国农村幼儿园园所数由 2003 年的 5.06 万所增加至 2008 年的 6.43 万所，在园幼儿数由 940.4 万人增加至 1067.36 万人，较 2003 年分别增加了 27.1% 和 13.5%，农村学前教育的发展颓势得以逐渐扭转。

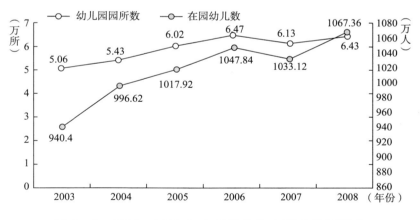

图 2 - 2　2003 ~ 2008 年农村学前教育事业发展情况

注：相关数据整理自 2003 ~ 2008 年的《中国教育统计年鉴》。

4. 政府主导阶段（2010 年至今）

长期以来，尽管国家在政策制定层面将农村学前教育事业发展放在了极其重要的位置，但学前教育并未纳入义务教育，基层政府通常将其置于农村各类公共事务的末尾，对农村学前教育的重视仅仅停留在"喊口号"阶段，难以将政策落实到具体实践中（孙美红，2019）。2010 年，我国农村学前教育事业发展迎来了重要转折点。2010 年 7 月，中共中央、国务院印发的《国家中长期教育改革和发展规划纲要（2010—2020）》明确指出要"重点发展农村学前教育"，并要求采取多种形式扩大农村学前教育资源，努力提高农村学前教育普及程度。同年 11 月，国务院印发的《关于当前发展学前教育的若干意见》明确指出，"各地要把发展学前教育作为社会主义新农村建设的重要内容"，并明确了中央和地方政府在发展农村学前教育中的职责。同年 12 月，国务院召开全国学前教育工作电视电话会议，明确提出要贯彻实施《国家中长期教育改革和发展规划纲要（2010—2020）》和《关于当前发展学前教育的若干意见》，并对农村学前教育工作做了专项部署。可以看出，中央和地方政府逐渐承担起了农村学前教育发展的主导责任。特别地，2018 年《中共中央　国务院关于学前教育深化改革规范发展的若干意见》的发布，标志着我国农村学前教育完全进入了政府主导发展的新阶段（孙美红，2019）。

为尽快推进农村学前教育事业发展，中央和地方政府出台了一系列的政策措施。例如，财政部、教育部出台的《关于加大财政投入支持学前教育发展的通知》明确指出，"把加快发展农村学前教育作为工作重点，中央财政重点支持各地特别是中西部地区农村学前教育发展，以及家庭经济困难儿童、进城务工人员随迁子女和留守儿童接受学前教育"，从资金投入方面确保农村学前教育事业发展的顺利推进。2011～2016 年，我国已成功组织实施了两期学前三年行动计划，农村学前教育事业实现了跨越式发展。如表 2－2 所示，农村幼儿园园所数由 2011 年的 58684 所增长至 2017 年的 90182 所，增长率达 53.7%，有效地缓解了农村学前教育"入园难"问题，为提升农村学前教育质量奠定了坚实的基础。特别地，进一步区分农村不同类别幼儿园园所数量的增长情况可发现，教育部门办园由 2011 年的 13938 所增长至 2016 年的 34858 所，增长率达 150.1%，而除民办幼儿园外，其他类型幼儿园数量并未发生较大变化。这表明，在中央和各级党委政府的主导下，教育部门办园成为农村学前教育发展的首要推力，促使农村学前教育事业实现跨越式发展。

表 2-2　2011~2017 年农村不同类型幼儿园园所数

单位：所

年份	农村幼儿园	教育部门办园	民办园	集体办园	事业单位办园	其他部门办园
2011	58684	13938	36522	6565	1472	187
2012	63091	17014	38410	6221	1265	181
2013	69878	21703	40311	6258	1413	193
2014	72583	24627	40296	6116	1341	203
2015	77260	28751	40935	6148	1212	214
2016	83884	34858	41600	5889	1331	206
2017	90182	41230	41741	5725	1281	205

注：相关数据整理自 2011~2017 年的《中国教育统计年鉴》。

第二节　民族地区农村学前教育服务供给的相关概念

1. 民族地区的概念界定及发展概况

（1）民族地区的概念界定

民族地区即少数民族地区的简称，是指以少数民族为主聚集生活的地区。其中，少数民族是指多民族国家中除主体民族外的民族。我国是一个由 56 个民族组成的统一的多民族国家，除主体民族汉族以外的其余 55 个民族均是少数民族。我国少数民族人口分布较为广泛，覆盖所有县级行政区，但各地的分布并不均衡，以西部地区和中部地区居多，东部地区相对较少，呈现各民族大杂居、小聚居的交错居住形态。需指出的是，为了有效地界定民族地区的区域边界，本研究将民族地区界定为民族自治地方，并且沿用国家现行的行政区划。民族自治地方是指一个或多个少数民族在其聚集地方依法实行区域自治的行政区域，按照人口数量、区域面积依次划分为自治区、自治州、自治县三级。

（2）民族地区的发展概况

第一，自然环境概况。一是地理位置偏僻。我国大部分民族地区都分布在偏远的内陆和边疆地区。其中陆疆民族省区有内蒙古、新疆、西藏、广西等多个省份，内陆民族省区则有青海、四川、贵州等多个省份。二是地貌环境复杂。在我国由西向东的三大地理阶梯中，民族地区大都位于第一和第二阶梯。以青藏高原、内蒙古高原、云贵高原、黄土高原为代表，地貌复杂多变，集中了山地、裸岩、戈壁、沙漠、冰川积雪。三是气候条件恶劣。特殊的地形容易引发大风、雷电、冰雹、暴雨和暴雪等气象灾害以及滑坡、泥石流等衍生灾害，导致民族地区的生态环境脆弱，自然灾害频发。

第二，社会经济发展概况。一是产业发展落后。民族地区受自然环境恶劣、自然灾害频繁的制约，产业基础较为薄弱，其中第一产业所占比重较高，而第三产业发展相对滞后。同时，主要依靠资源消耗和资本投入驱动增长，经济增长的质量和效益较低。二是基础设施不足。基础设施供给不足已经成为当前制约民族地区经济社会发展、各族群众生活水平提高的瓶颈问题。部分民族地区群众仍然面临上学难、看病难、住房难、饮水难、行路难等基础问题。三是贫困问题突出。民族地区贫困面较大、贫困程度较深，是当前我国所有贫困地区中贫困发生率最高、分布最集中的地区。

第三，人口发展概况。一是文化水平较低。由于观念落后，民族地区群众对子女的教育更注重作为劳动力而非人才来进行培养。加之民族地区的教育投资不足、学校数量较少、教学质量不高等问题，造成民族地区人口文化素质普遍较低。二是身体素质较差。由于民族地区特别是农村地区大多地广人稀，卫生资源的普及程度远低于全国平均水平。部分民族地区群众缺乏现代健康常识，导致高盐、高糖、高脂、酗酒等饮食习惯和有病不求医等不良生活习惯较为普遍，造成民族地区的群众身体素质与发达地区相比存在较大差距。

2. 民族地区农村学前教育服务供给的特殊性

第一，民族地区农村学前教育服务供给的难度更大。由于普遍存在自然环境条件差，社会经济发展相对滞后的问题，民族地区区域文化教育的发展基础相对较弱。特别是在民族地区的农村，学前教育不仅表现出起步晚、发展慢、基础差等现象，还面临更加复杂的人口分布、地理区位特征，导致由政府主导的学前教育服务供给面临高成本、低效率的困境。同时，民族地区居民整体文化素质偏低，对于学前教育的接受程度不高，而学前教育又未被纳入义务教育范畴，缺乏强制约束，导致家长送子女到幼儿园接受学前教育的积极性不足。在诸多客观限制因素与主观限制因素相叠加的情况下，各种限制因素间可能产生恶性循环，极大地制约了民族地区农村学前教育的发展。因此，相较于非民族地区，民族地区农村学前教育服务供给的任务更重，相应的供给难度也更大。

第二，民族地区农村学前教育服务供给的任务更紧。加强民族地区农村学前教育服务供给不仅在提高国民整体素质、促进教育和社会公平、打破贫困的代际传递等方面发挥显著的积极作用，表现出较强的社会效应和经济效应，还具有较强的政治效应。民族地区的民族团结与社会稳定关系到国家的和平统一。多年来，国内外敌对势力对我国实行"分化"和"西化"，试图利用民族问题和宗教问题搞分裂活动。加强民族地区农村学前教育服务供给，从小培养民族地区农村儿童的社会主义核心价值观，强化民族团结教育和爱国主义教育，对于维护民族地区的稳定，提升民族凝聚力具有重要的意义。因此，相较于非民族地区农村学前教育服务供给的政治效应更加突出，相应的任务也更加紧迫。

第三，民族地区农村学前教育服务供给的内容更多。各民族在其自身发展的过程中形成了特色鲜明、丰富多彩的文化生态，构成了中华民族深厚的文化底蕴。在民族教育现代化和学校化进程中，学前教育作为国民教育的基础，不仅要注重科学文化知识的传递，还要强调民族传统文化的传承。特别是对于民族地区农村学前教育而言，不仅要重视民族地区与非民族地区的差异性特征，还要兼顾城市与农村的差异性特征，探索出集民族特色和农村特色于一体的发展道路。同时，部分少数民族群众仍然在使用本民族的语言文字，为兼顾实现少数民族语言文字保护和国家通用语言文字普及的双重目标，加快探索民族地区农村学前教育的双语教学模式具有较强的现实必要性。因此，相较于非民族地区，民族地区农村学前教育服务供给不仅要遵循学前教育的普适标准，还要探索具有民族特色的实践路径，相应的供给内容更多。

3. 民族地区农村学前教育服务的供给现状

（1）学前教育经费投入加大

为确保民族地区学前教育服务供给，国家出台了一系列政策。其中，"十二五"规划强调支持民族地区，特别是农牧区优先发展公办幼儿园；"十三五"规划则提出要加快提高民族地区学前教育发展水平。在财政投入方面，财政部通过设立学前教育专项资金，重点支持中西部地区和民族地区大力发展农村学前教育。与此同时，地方政府也同样加大了支持力度。如图 2－3 所示，除广西壮族自治区外，我国其他四个自治区的学前教育生均公共财政预算支出均高于全国平均水平。就四川省而言，省内民族地区学前教育发展的经费投入在近年来也得到大幅提升。例如，四川省财政于 2017 年下达民族地区学前教育辅导员省级补助资金 4 亿元，较 2016 年增加了近 3 亿元，增长了近 2.3 倍①。

（2）学前教育质量得到提高

随着学前教育投入加大，民族地区幼儿师资队伍建设得到了加强，各类幼儿园数量迅速增加。各地根据地方学前教育服务供给需要，实施了诸如少数民族"双语"幼儿园建设工程、少数民族学前"双语"发展保障工程等特色工程，确保学前教育服务质量得到相应的提升。此外，民族地区还加强了对多元文化的培

---

① 相关内容来源于《省财政下达 2017 年民族地区学前教育辅导员省级补助资金 4 亿元》，具体参见：http://www.sc.gov.cn/10462/10464/10797/2017/7/13/10428043.shtml。

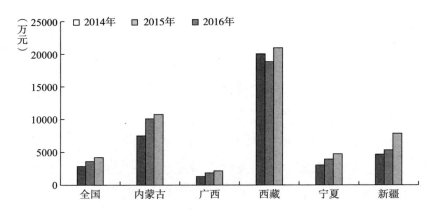

图 2－3　民族地区学前教育生均公共财政预算经费支出

注：相关资料来源于 2014～2016 年《中国教育经费统计年鉴》。

养，除了使用汉语授课，学习国家通用语言以外，通过开设多元文化课程等方式，加大对本族传统文化的传承教育，推进文化教育融合。

（3）学前教育保障机制有待加强

民族地区在学前教育实施过程中也存在诸多问题。首先，民族地区城镇儿童读公办园难、就近入园难、流动人口子女入园难的问题依然突出。民族特困地区、留守儿童集中地区和偏远民族人口分散地区的适龄儿童入园比例仍然偏低。其次，民族地区学前教育成本分管和保障机制尚不明确，不少地区幼儿园日常运行和教师工资支出仍依靠收取学费，加大了少数民族地区贫困家庭负担。再次，民族地区幼师队伍依然薄弱。不少地区幼师队伍由代课教师和小学教师转岗组成。部分偏远民族地区的幼儿园教师数量存在较大的缺口，并存在师资素养不高、专业知识缺乏的问题。

第三节　乡村振兴战略对农村学前教育服务供给的影响

1. 乡村振兴战略对城乡关系的再调适

改革开放以来，我国在经历多年经济高速增长之后，出现了一些结构性问题，最突出的是城乡区域和产业之间的发展不平衡问题，造成了城乡居民社会福利分配的群体性失衡。进入 21 世纪以来，这种失衡引发了"农村真穷、农民真苦、农业真危险"的历史警示，受到了党中央的高度重视。党中央先后出台了一系列围绕城乡关系调适的政策性文件。2002 年 11 月，党的十六大报告明确将城乡统筹发展作为重要任务。2003 年 1 月，中央农村工作会议提出，要"把解决好农业、农村和农民问题作为全党工作的重中之重"。2005 年 10 月，中国共产党十六届五中全会明确提出，要按照"生产发展、生活宽裕、乡风文明、村容整洁、管理民主"的要求，统筹城乡经济社会发展，稳步推进社会主义新农村建设，开启了"以工促农、以城带乡"的新篇章。

2017 年 10 月，党的十九大报告提出了实施乡村振兴战略，将其作为新时期做好"三农"工作的总抓手，在延续新农村建设战略主体内容的基础上，对政策目标体系和建设内容进行升级（贾晋等，2018），要求按照"产业兴旺、生态宜居、乡风文明、治理有效、生活富裕"的"二十字"方针，加快建立健全城乡融合发展体制机制和政策体系，推进农业农村现代化的实现。可以看出，如果说统筹城乡是将城市发展与农村发展相统一，防止在农村农业内部谈"三农"问题的解决思路，更好地发挥城市带动农村、工业带动农业的积极效应，那么，乡村振兴背景下的城乡融合便是将城市和农村放在同等战略地位来看待，乡村不再从属于城市，也不再主要服务于城市发展。目前，用城乡融合来界定和推进城乡关系的发展，将改变以往依靠城镇化带动、工业反哺农业、农村被动接受的单向模式，强调增强乡村内生发展能力的重要性，以双向推动城乡交融发展，极大地突出了乡村发展的平等性、自主性和内生性（许彩玲和李建建，2019）。

2. 乡村振兴战略对农村公共服务的新要求

基本公共服务是由政府按照法律法规和政策的相关规定，面向全社会提供的基础性服务，旨在保障城乡全体居民个人生存和发展的基本需求，主要包括公共教育、医疗卫生、社会保障等，其供给状况与经济社会发展水平和阶段相适应。当然，伴随我国经济社会发展水平的不断提高，城乡基本公共服务所包含的内容和标准也在不断发生变化，服务的范围和数量、质量均相应地呈现稳步提升的发展趋势（张晖，2018）。在乡村振兴背景下，城乡融合要求将城市和农村放在同等战略地位来看待，突出了乡村发展的平等性、自主性和内生性，也相应地对包括基本公共服务在内的乡村发展提出了更高的要求。《国家乡村振兴战略规划（2018～2022）》明确提出要"继续把国家社会事业发展的重点放在农村，促进公共教育、医疗卫生、社会保障等资源向农村倾斜，逐步建立健全全民覆盖、普惠共享、城乡一体的基本公共服务体系"，并且将未来的发展目标描述为：到2020年"城乡基本公共服务均等化水平进一步提高"；到2035年"城乡基本公共服务均等化基本实现"。

乡村振兴战略将城乡均等化目标放入实质性政策范畴内，对我国农村基础公共服务提出了水平更高、目标更明确的供给要求。需指出的是，城乡基本公共服务均等化并不仅仅是指绝对数量上的相同，确保全体居民均要享受到等质等量的公共服务，更是指在基础民生场域中最大限度地缩小城乡之间的基本公共服务供给水平差异，最大限度地确保全体居民能够享受到大致均等的基本公共服务（李曼音和王宁，2018）。进一步地，均等化的科学内涵可大致概括为全民均等、基本均等和渐进均等（李永红，2017）。因此，城乡基本公共服务均等化在一定程度上也更像是一个动态的考核目标，代表着城乡基本公共服务供给水平不断缩小的发展态势。

3. 乡村振兴战略对农村学前教育服务供给的影响分析

学前教育作为农村基本公共服务的重要组成部分，同样受到了乡村振兴战略的显著影响。乡村振兴战略的提出，要求破除在封闭体系中发展农村教育的狭隘观念，立足城乡融合发展的现实需求，从社会发展的整体进程中对农村教育加以定位（葛新斌，2018），不是就农村教育而谈优化措施，将其发展与城市教育相比肩，而是提出了更高的服务供给要求。与此同时，党的十九大报告围绕"优先发展教育事业"做出了全面部署，明确指出"建设教育强国是中华民族伟大复兴的基础工程，必须把教育事业放在优先位置，深化教育改革，加快教育现代化，办好人民满意的教育"。在此基础上，2018 年中央一号文件《中共中央　国务院关于实施乡村振兴战略的意见》明确提出，要"优先发展农村教育事业"。所谓"优先"，自然是相对于城市教育而言，优先发展农村地区的教育事业。这表明，国家对农村教育事业的发展不仅提出了更高的要求，并且在实际措施上将围绕优先发展农村教育事业，将更多的资源投入支持农村教育事业的发展中。例如，为加强农村教师队伍建设，中共中央、国务院于 2018 年 1 月正式印发《关于全面深化新时代教师队伍建设改革的意见》，针对教师编制配备、教师工资待遇等多个方面，明确提出优惠政策要向农村地区倾斜。

可以看出，乡村振兴背景下城乡融合发展的提出，城乡基本公共服务均等化的政策目标的提出，都提高了对农村学前教育服务供给的要求，要求加快提高农村学前教育服务的供给水平，不断缩小城乡学前教育服务的供给差距。这表明，农村学前教育服务供给水平不仅要实现纵向提升，还要不断缩小城乡之间的横向差距。同时，各级党委、政府也出台了一系列的实质性政策措施，通过向农村倾斜学前教育资源，从师资配置、基础设施等方面有针对性地补齐农村学前教育服务的供给短板，为打破城乡学前教育低水平均衡，保持城乡学前教育差距持续缩小的发展态势提供了强大支持。总的来说，乡村振兴战略将通过提出更高的发展要求，落实更多的政策措施，从供给侧对促进农村学前教育服务供给产生显著的直接影响。

当然，政府在建设人民满意的服务型政府过程中，不仅需要强调对农村学前教育服务的供给，推行自上而下的学前教育政策，还需要从需求侧入手，着重强调对农村学前教育服务的有效供给，让农村居民的学前教育服务需求得到最大限度的满足。然而，农村居民对学前教育服务的需求水平并不是静态不变的。教育服务需求是人们在一定社会经济条件下对教育有支付能力的需求（王善迈，1996）。农村学前教育服务的消费主体为学生，但能够为子女教育选择做决策的是家长，对农村学前教育服务提出实质需求的也是家长。就理论而言，可将家长对教育的需求视为对教育服务这种商品的消费，即对子女的人力资本投资。已有实证研究发现，随着家庭收入水平的提高，对教育服务的需求水平也将不断提高（贺红芳和刘天子，2018）。

在乡村振兴背景下，生活富裕是农村居民最关心的利益问题，是"以人为本"的乡村振兴战略的最终评价标准（贾晋等，2018）。伴随农村居民收入水平的持续提高，他们对农村学前教育服务的消费能力和意愿都将增强，相应的需求水平也将得到快速提高。同时，在城乡居民收入差距持续缩小的发展趋势下，城乡居民对于学前教育服务的需求水平差距也将进一步缩小。为最大限度地满足农村居民的学前教育服务需求，农村学前教育亟须迈上快速发展的道路，并长期保持城乡学前教育服务供给水平不断缩小的发展态势。因此，乡村振兴战略将通过增加农村居民收入，改变他们对农村学前教育服务的需求水平，从需求侧对促进农村学前教育服务供给产生显著的间接影响。

此外，乡村振兴战略作为指导我国新时代"三农"工作的总抓手，涵盖经济、政治、文化、社会、生态文明等方方面面，除促农增收这一间接途径外，还将通过要素配置、人口流动等其他途径对农村学前教育服务供给提出不同的挑战。例如，《国家乡村振兴战略规划（2018～2022）》明确提出，要"顺应村庄发展规律和演变趋势，根据不同村庄的发展现状、区位条件、资源禀赋等，按照集聚提升、融入城镇、特色保护、搬迁撤并的思路，分类推进乡村振兴"，并将所有村庄具体划分为集聚提升类、城郊融合类、特色保护类和搬迁撤并类。由于各类村庄定位不同，人口聚集程度和特点将发生相应的调整，对于农村学前教育服务的供给方式将产生较大影响。又如，乡村振兴战略将进一步健全城乡之间要素合理流动机制，促使各类要素在城乡之间实现更加自由的双向流动。一方面，社会资本、幼儿教师等优质要素的大规模下乡，将为农村学前教育服务供给提供强大的推力；另一方面，理性人的趋利行为也将构成要素流失的风险，导致城乡要素配置的进一步失衡。再如，乡村振兴战略在持续加快农业转移人口市民化进程的同时，还将鼓励社会人才投身乡村建设，加快精英人才的逆城镇化速度，促使农村地区出现新的人口流动特征，给农村幼儿园布局、服务供给方式转型等方面增加了更多的不确定因素。

综上所述，如图2-4所示，乡村振兴战略对城乡关系进行再调适，不仅将通过政策资源倾斜，从供给侧对促进农村学前教育服务供给产生显著的直接影响，还将通过促农增收、要素配置、人口流动等其他途径，改变农村学前教育服务供给的外部环境，对农村学前教育服务供给产生显著的间接影响。其中，促农增收导致的农村居民学前教育服务需求变化，将从需求侧对促进农村学前教育服务供给提出新的挑战。可以看出，乡村振兴战略对农村学前教育服务供给的影响是全方位的，既有机遇也有挑战。农村学前教育工作若不能有效地把握机遇，应对挑战，不但不能保有前期农村学前教育服务供给的发展成果，还可能陷入新的发展困境，成为乡村振兴发展的阻碍因素。

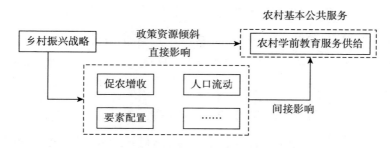

**图2-4 乡村振兴战略对农村学前教育服务供给的
影响机制示意**

4. 乡村振兴背景下农村学前教育服务供给的目标探讨

乡村振兴战略的提出，对我国农村学前教育而言，既提供了新的发展机遇，也提出了新的挑战。在此背景下，如何科学界定农村学前教育服务供给的新时代目标，对指导农村学前教育实现跨越式发展，助推乡村振兴发展具有重要意义。因此，笔者从农村学前教育服务的供需两侧同时出发，对乡村振兴背景下农村学前教育服务供给的新时代目标进行界定及论述。

（1）城乡学前教育一体化

2010年，国务院印发的《国家中长期教育改革和发展规划纲要（2010—2020年）》明确提出，"把促进公平作为国家基本教育政策"，着重强调"加快缩小城乡差距，建立城乡一体化义务教育发展机制"。城乡义务教育一体化作为城乡一体化的衍生概念，其实质是义务教育的城乡一体化，是我国为破解城乡义务教育二元结构、推进城乡教育公平发展做出的新的战略部署，反映了现代化与城市化进程中政府对城乡关系的新认识（褚宏启，2010）。

伴随乡村振兴战略的提出，我国将城乡关系已进一步调适为城乡融合，但对城乡教育发展的目标论述，仍沿用了城乡义务教育一体化这一概念①。这表明，城乡教育一体化的发展目标，仍然契合乡村振兴的实践逻辑。正如纪德奎（2018）所述，乡村振兴战略与城乡义务教育一体化互为助力。一方面，乡村振兴战略为解决农村教育发展问题，促进城乡义务教育一体化提供了重要机遇；另一方面，城乡义务教育一体化发展既是乡村振兴的前提机制，也是乡村振兴的题中之义，它将通过推动乡村教育的现代

---

① 例如，党的十九大报告明确提出，"推动城乡义务教育一体化发展，高度重视农村义务教育，办好学前教育、特殊教育和网络教育，普及高中阶段教育，努力让每个孩子都能享有公平而有质量的教育"。

化促进乡村振兴的实现。需指出的是，城乡义务教育一体化是一个动态发展、持续变化且具有阶段性特征的渐变过程（李玲等，2012）。截至 2017 年底，全国已有 2379 个县通过义务教育均衡发展督导评估认定，占总数的 81%，县域义务教育均衡发展取得显著成绩，但农村学校教育质量、办学水平仍存在较大差距①。这表明，现阶段推进城乡教育一体化发展的任务重点落在了着力提升农村教育的质量方面。

城乡教育一体化这一概念虽然在各级政策文件中主要用在义务教育阶段，并未见诸学前教育阶段的相关论述，但无论是中央层面的政策导向，还是地方层面的实践探索，都正在逐渐将城乡学前教育一体化纳入城乡教育一体化的政策范畴。正如上文所述，《国家中长期教育改革和发展规划纲要（2010—2020 年）》早就明确提出了"基本普及学前教育"和"重点发展农村学前教育"的发展任务，并且在随后的各级各类扶持政策和中央专项资金的实际安排上，均向农村地区进行了重点倾斜。而就地方政府而言，在持续推进农村学前教育发展的基础上，已有部分地区甚至率先实施农村学前三年免费教育②。可以看出，各级党委政府在推进学前教育发展过程中，就缩小城乡学前教育差距、促进学前教育公平达成基本共识，符合城乡学前教育一体化的政策预期。

---

① 相关内容来源于中国人大网的《国务院关于推动城乡义务教育一体化发展 提高农村义务教育水平工作情况的报告——2018 年 8 月 28 日在第十三届全国人民代表大会常务委员会第五次会议上》，具体参见：http://www.npc.gov.cn/npc/xinwen/2018-08/28/content_2059538.htm。

② 例如，山东省东营市河口区政府在 2012 年 3 月印发了《河口区人民政府关于发展学前教育工作的意见》，明确提出自 2012 年 9 月 1 日起实施农村学前三年免费教育。相关内容来源于河口区政府网的《我区启动农村学前三年免费教育》，具体参见：http://www.sdhekou.gov.cn/4369001/4512939.html。

当然，城乡教育一体化不是为城乡居民提供同质同量的教育服务，也不是要消灭农村教育，促成城市教育一家独大，而是在价值取向上把城乡教育放在完全平等的地位来对待，不能将农村教育当作没有特色的、没有优势的、亟须改进的一方（褚宏启，2009）。同时，城乡教育一体化还具有区域限制，跨地区的城乡一体化有待于全国经济的均衡发展，而首先需要解决的是在一个县域范围内实现教育的均衡发展（谈松华，2003）。因此，从农村学前教育服务的供给侧发力，不断缩小城乡学前教育服务供给差距，探索农村教育的特色化发展路径，推进城乡学前教育一体化发展，可作为乡村振兴背景下实现城乡学前教育均等化的路径之一。

（2）办好人民满意的教育

2010年，国务院出台的《国家中长期教育改革和发展规划纲要（2010—2020年）》明确将办好人民满意的教育作为新时期教育规划的指导思想。党的十八大报告将教育放在改善民生和加强社会建设之首，提出"要努力办好人民满意的教育"。党的十九大报告进一步提出："必须把教育事业放在优先位置，深化教育改革，加快教育现代化，办好人民满意的教育"。可以看出，办好人民满意的教育这一教育改革理念自提出以来，伴随居民生活水平的日益提高和教育发展中主要矛盾的不断变化，虽然在相应的内涵与实践路径上发生了较大变化，但其在教育发展改革中的核心地位并未发生变化。

吴佳莉等（2018）从三个层面对办好人民满意的教育进行了阐释：一是满足人民对基本教育的需求，让每个学生都能够获得相应的教育，即解决好当前学前教育"入园难"、义务教育"择校热"、随迁子女升学考试与教育等关乎民生的难点问题，是办好人民满意的教育的根本出发点；二是满足人民对优质教育的需求，从"有学上"到"上好学"，从"广覆盖"到"有质量"，从"大起来"到"强起来"，满足人民对"公平而有质量"的刚性教育需求，是办好人民满意的教育所必须坚持的问题导向和根本内涵；三是不断满足人民对差异化教育的需求，为每一位受教育者提供合适的教育，满足不同社会阶层对教育的差异化需求，体现了新时代办好人民满意的教育的改革主旨与发展理念。总的来说，关于办好人民满意的教育的不同内涵阐释，实际上反映了人民对教育需求不断升级的过程，但归根结底还是要落在满足人民的教育需求上。

习近平总书记强调，"坚持改革创新，以凝聚人心、完善人格、开发人力、培育人才、造福人民为工作目标，培养德智体美劳全面发展的社会主义建设者和接班人，加快推进教育现代化、建设教育强国、办好人民满意的教育"①，坚持把兴办教育的落脚点放在"人民满意""人民中心"的基点上，这既是党的宗旨的体现，也是党的人民立场的根本原则（刘书林，2018）。当前，我国发展农村学前教育面临的主要矛盾是人民对学前教育多样化需求与有效供给之间的矛盾，而坚持"人民满意"正是破解这一难题，实现学前教育按需有效供给适切性的关键（秦金亮，2017）。

特别是在乡村振兴背景下，农村居民收入的快速增加，城乡收入差距的持续缩小，从需求侧对农村学前教育发展提出了新的挑战。为有效应对上述挑战，国家不仅需要从供给侧着力，推进城乡学前教育一体化发展，确保城乡学前教育差距持续缩小，还

---

① 相关内容来源于新华网的《习近平：坚持中国特色社会主义教育发展道路培养德智体美劳全面发展的社会主义建设者和接班人》，具体参见：http://www. xinhuanet. com/politics/2018 - 09/10/c_ 1123408400. htm。

要从需求侧着力，在财政资金投入有限的现实约束条件下，最大限度地满足农村居民对农村学前教育服务的需求。办好人民满意的教育，切实解决家长在农村学前教育上关注的热点问题，在供给内容上按需调整，构建灵活多样的学前教育服务供给体系，正好从需求侧为农村学前教育发展提供了着力点。因此，从农村学前教育服务的需求侧发力，主动回应广大农村居民的教育服务诉求，全面贯彻落实办好人民满意的教育的要求，可作为乡村振兴背景下实现城乡学前教育均等化的判断标准之一。

第三章
民族地区农村学前教育服务
供给的理论分析

第一节　理论基础

1. 公共产品理论

公共产品理论的思想起源可追溯到英国学者托马斯·霍布斯（Thomas Hobbes）的论断，他认为国家的本质是"很多人之间形成契约，且个体对其行为赋予职权，促使其按照对广大居民的和平及共同安全有益的方式，运用整体共同的力量和方法的一个人格"。后来，大卫·休谟（David Hume）在《人性论》中讨论了如何处理超越个人利益的公共性的问题。他认为"在某些只能通过集体完成的事情中，因人自利的天性，只有靠国家和官员来使每个人不得不遵守法则"。这一论述不仅表明在公共利益的追求中个人的局限性和政府的优越性，也指出了市场提供公共产品的无效性以及政府参与公共产品供给的必要性。亚当·斯密（Adam Smith）从国家职能的立场出发，认为政府这只"看得见的手"

不宜干预市场经济的运行，只需负责供给因为市场无法正常定价而难以提供的公共产品，因此主张"政府运用税收等手段筹集公共资金，并利用公共资金来提供这些公共产品"。

在对公共产品的诸多解释中，保罗·萨缪尔森（Paul A. Samuelson）的解释得到了广泛认同。他认为公共产品是指每个人消费这种物品或劳务不会导致别人对该种产品或劳务的消费减少。换言之，公共产品具有消费的非竞争性和受益的非排他性。然而，在现实生活中同时具备非竞争性和非排他性的公共产品并不多见。詹姆斯·布坎南（James Buchanan）后来对公共产品理论进行了发展，进一步将公共产品划分为纯公共产品与非纯公共产品，将介于私人产品与公共产品之间，具有非竞争性或非排他性的产品称为准公共产品，或公共提供的私人产品。

由于非竞争性和非排他性的存在，古典经济学家认为市场在提供公共产品时缺乏动力，存在市场失灵的问题，出现所谓"囚徒困境"和"搭便车"现象，可能导致社会分配不公平和"公地悲剧"，因而主张由政府提供必要的公共产品。然而，以布坎南为代表的公共选择学派经济学家认为，政府在供给公共产品的过程中存在寻租现象，存在供给效率不高、质量不足、成本过高等问题，因而政府供给公共产品也存在失灵的问题。后来，科斯（Coase）从经验层面论证了市场提供公共产品的可行性。只要公共产品的外部性可通过制度安排得到解决，对生产成本进行合理的补偿，市场提供公共产品便会成为现实。因此，公共产品不仅可以通过政府提供，也可以通过市场提供。可以看出，公共产品到底由政府供给还是由市场供给，归根结底应该建立在"成本－收益"的分析之上，实现资源配置效率最大化才是其最主要的考量标准。

2. 新公共管理理论

20 世纪 80 年代以来，伴随着西方的行政改革以及政府再造运动的兴起和发展，新公共管理理论得以形成，并逐渐演化成为政府改革的重要理论范式。区别于传统公共行政范式，新公共管理的理论基础出现了新的突破。如果说传统公共行政是以威尔逊、古德诺的政治－行政二分论和韦伯的科层制理论为理论基础，那么新公共管理则以现代经济学理论与私营企业管理理论为理论基础。这种新的管理理论可概括为："对顾客、产品和结果的关注；采用目标管理方法与绩效测量方法；应用市场机制来取代中央集权管制；竞争与选择；通过权利、义务、责任的协调一致来下放权力"（Hughes，2012）。1992 年，戴维·奥斯本（David Osborne）和特德·盖布勒（Ted Gaebler）的《改革政府——企业家精神如何改革着公共部门》一书，进一步诠释了新公共管理理论的思想理念。

新公共管理理论提出公共服务的供给主体应是多元化的，政府和市场都有责任提供。在公共服务的供给过程中，政府应该发挥掌舵者的作用，而不是充当划桨者。换言之，政府在公共服务中应该把决策和执行分开，不应该承担所有的公共服务供给责任，而应该尽可能地将公共服务的具体供给责任转移给市场。同时，新公共管理理论还强调要将竞争机制引入公共服务供给中，通过开展合理的竞争，缓解公共服务供给中存在的垄断性问题，让更多的市场主体能够参与到公共服务供给中来，进而促进服务供给质量和供给效率的提高。

新公共管理理论不再强调以集权、加强责任制等方式来优化行政绩效，而是以理性经济人假设为基础，将政府与公众的关系比喻成市场中企业与顾客的关系，相应的价值取向是关注结果和顾客，而非投入和政府，要求着力提高公共服务的质量和水平，用具有企业家精神的政府来代替人际关系复杂的官僚政府。同时，该理论提出明确的产出目标和绩效评估标准，重视产出控制，引入竞争机制，强调对资源的节约和有效利用等（Hood，1991）。它强调将企业的管理理念、技术和经验运用到政府管理中，将绩效评估作为测量政府绩效、提高政府效率的主要工具，追求经济（Economy）、效率（Efficiency）和效能（Effectiveness），即所谓的"3E"原则，以此替代传统行政中以规则为基础的责任制。

3. 新公共服务理论

随着新公共管理理论的深入发展，其隐含的问题也逐渐引起了大量学者的反思和对其的完善，例如价值观导向偏误、损害民主和宪法价值等问题，从不同侧面揭示了新公共管理理论的局限性。其中，登哈特（Denhardt）夫妇针对企业家政府理论缺陷的批判而提出的新公共服务理论具有较强的代表性。新公共服务理论认为，公共行政官员在管理公共组织以及执行公共政策的过程中，应该集中于承担为公民服务和向公民放权的职责。政府在操作公共服务这艘"航船"时，既不应该充当"划桨者"角色，也不应该充当"掌舵者"角色，而应该为促进公共问题的协商解决提供便利。当然，新公共服务理论并不是对新公共管理理论的全盘否定，其本质是对新公共管理理论的一种扬弃，旨在提出一种关注公众利益实现，更加适合现代公民社会发展和公共管理实现需要的新理论（丁煌，2004）。

在《新公共服务：服务，而不是掌舵》一书中，登哈特夫妇从以下七个方面对新公共服务理论的基本内涵进行了概述：第一，政府的职能是服务，而不是"掌舵"，应该尽可能地帮助公民表达并满足他们共同的利益需求；第二，实现公共利益是目标而不是副产品，政府必须形成集体的、共享的公共利益理念，有效地创造共享利益和共同责任；第三，在思想上要有战略性，在行动上要有民主性；第四，公共利益不是个人利益的累加，而是基于共同价值观进行对话的结果；第五，政府不应该只关注市场，还应该关注宪法法规、社区价值观、政治规范、职业标准以及公民利益；第六，以对所有人的尊重为基础进行合作和分享领导权，强调"通过人来进行管理"的重要性，而不只是重视生产率；第七，相较于将公共资金视为己有的企业家，乐于为社会做出贡献的公务员和公民更能促进公共利益的实现。

第二节　关于民族地区农村学前教育服务供给的理论探讨

1. 民族地区农村学前教育服务的产品性质

合理界定民族地区农村学前教育服务的产品性质，对于回答谁来供给以及如何供给的问题具有重要的意义。根据公共产品理论对公共产品的性质判断标准，即非竞争性与非排他性，学前教育资源有限，在现实生活中将通过提高收费标准以实现排他，引发了"入园贵""天价园"等系列社会热点话题，加之学前教育资源一旦被某人占据，可能会对其他人的使用产生影响，因而民族地区农村学前教育服务并不完全符合公共产品的判定标准，难以将其认定为公共产品。与公共产品判定标准不同的是，作为公共服务的学前教育服务，特别是在政府主导供给的情况下，强调的不再是以"成本－收益"为参考，而是基于公共利益保障和实现的现实考量，是在效率之外对公民的基本受教育权、教育公平、儿童权利等价值的有效回应（江夏，2017）。

笔者认为，作为农村公共服务重要组成部分的学前教育服务，不应该拘泥于非竞争性与非排他性的判断标准，而应以公共价值为依托，突出学前教育服务的公益性和普惠性特征，增加对社会公平性价值维度的考量。特别是对于民族地区农村学前教育服务而言，学前教育服务供给对个人、家庭和社会具有更强的正外部效应，而民族地区又存在严重的社会经济发展滞后问题，其公益性与普惠性特征更加明显。同时，若按照现有关于公办幼儿园属于公共产品，民办幼儿园属于私人产品的论述（罗若飞，2015），民族地区学前教育市场失灵现象较为严重，公办幼儿园仍然是学前教育服务供给的主要力量，导致民族地区农村学前教育服务的公共产品性质得以进一步突显。可以看出，民族地区农村学前教育服务实际上是介于公共产品与私人产品之间的准公共产品，并且相较于非民族地区，其公共产品性质更加明显。因此，本研究将在后文的相关分析中明确和突出民族地区农村学前教育服务的准公共产品性质。

2. 民族地区农村学前教育服务的供给责任

根据公共产品理论，民族地区农村学前教育服务具有准公共产品性质，不仅可以由政府进行供给，也可以由市场进行供给。为提高学前教育服务供给的质量和效率，新公共管理理论则在此基础上，进一步强调了市场供给的重要性，认为政府并没有必要承担学前教育服务供给的主导责任，而应该在学前教育服务供给中引入多元化供给主体和市场竞争机制。而根据新公共服务理论，由于学前教育服务供给具有明显的公益性和普惠性特征，为能够有效地促进公共利益的提升，政府需要承担起学前教育服务供给的责任，这是政府区别于其他机构的本质特征。

就目前看来，我国部分地区对成本或利润价格传达不适当，导致学前教育市场供给失灵，市场难以承担起学前教育服务供给的主要责任。为补齐学前教育发展短板，促进普惠性学前教育的发展，我国学前教育已经由以市场供给为主进入了政府主导供给的新阶段，教育部门办园得到了迅速的发展，并在数量上超过民办园成为学前教育服务供给的主要来源。不可否认，虽然现阶段民办园在学前教育服务供给中仍发挥着显著的作用，但国家对民办学校实行分类管理，强调对非营利性民办幼儿园的扶持力度，这从制度层面强化了学前教育的普惠性供给。可以看出，学前教育制度化供给的特征愈加明显。特别是在民族地区的农村，民办园缺乏"落地生根"的市场环境，只能依靠政府承担起学前教育服务供给的主导责任。

需强调的是，单纯依靠政府供给学前教育服务并不是资源配置效率最大化的实现方式。只要能够有效地完善学前教育市场建设，规范价格传达机制，合理界定政府与市场的供给责任，无论是在城市还是在农村，市场均能够成为学前教育服务的供给主体，成为政府学前教育服务供给的有效补充。这便要求政府作为学前教育服务供给的主导者，在推进教育部门办园"广覆盖"的同时，也要构建合理的制度，有序地引导市场主体推进其他形式幼儿园的建设，从而推动学前教育服务供给主体多元化的实现。同时，为了鼓励开展适度的市场竞争，不断提高农村学前教育的质量与水平，政府不仅要对教育部门办园进行政策扶持，还要同等对待其他类型的办园行为，特别是要加大对普惠性幼儿园的扶持力度，营造更加公平的市场竞争氛围。综上所述，政府应承担服务供给的主导责任，并通过建立健全农村学前教育服务市场，引导市场主体分担相应的供给责任，逐渐形成多元服务供给模式。考虑到民族地区农村学前教育服务供给的特殊性，相较于非民族地区，政府承担的主导责任更大。

3. 民族地区农村学前教育服务的供给导向

考虑到民族地区农村学前教育服务的准公共产品性质，政府需承担学前教育服务供给的主导责任。但不同的供给目标，使其在实践中产生了不同的供给导向。

一是政府意愿导向。根据新公共管理理论，在民族地区农村学前教育服务供给的过程中，虽然提出了以公众需求为导向，把家长或学生当作学前教育服务的"顾客"，提高对公众教育服务需求的回应度，但鉴于政府的"企业家"角色，追求效率最大化仍是其提供教育服务的重要考量。在实践中，政府的服务供给行为常常忽略公共需求或偏离公共利益，关注市场"可以"参与学前教育服务供给的可能性，却弱化了政府"应该"参与学前教育服务供给的必要性（江夏，2017）。换言之，在综合考虑"成本－收益"的基础上，政府将选择对部分"顾客"而不是对所有"顾客"进行需求回应，表现出选择性供给特征。

二是公共利益导向。根据新公共服务理论，在民族地区农村学前教育服务供给的过程中，政府同样强调了回应公众需求的重要性，但并没有将他们当作"顾客"，而是将他们当作公民。这一区别在于，作为公共服务的学前教育没有将实现效率最大化作为目标，而是强调公共利益的提升，增加对社会公平性价值的考量。在实践中，政府转变了原有的政府本位的思考方式，从公众需求视角出发对民族地区农村学前教育服务供给进行安排，依据公众意见推进学前教育服务的决策和管理，将所有具有服务需求的公民全部纳入服务范畴，变选择性供给特征为普惠性供给特征。

在笔者看来，民族地区农村学前教育不仅表现出起步晚、发展慢、基础差等现象，还面临更加复杂的人口分布、地理区位特征，导致由政府主导的学前教育服务供给面临高成本、低效率的困境。如果以政府意愿导向为主，在具体的实践中必然会因为效率问题而出现供给缺位的现象，不利于教育公平的实现。同时，民族地区农村学前教育服务供给的政治效应突出，若忽略公平而单纯追求效率提升，造成区域内部学前教育服务供给不均衡问题，无疑违背了民族地区农村学前教育服务供给的初衷，不利于社会公平和民族团结的实现。因此，笔者倾向于倡导公共利益导向，在追求教育公平的基础上，适度增加供给效率维度的考量，着力提升民族地区农村学前教育服务供给的公益性和普惠性。

4. 民族地区农村学前教育服务的优化策略

在政府主导供给的情况下，各级公共财政支出资金有限，难以通过持续增加投入以促进学前教育发展，加之增加对学前教育的财政资金投入意味着减少对其他公共服务的财政资金投入，不利于社会整体福利的提高，因而提高学前教育服务供给效率具有较强的现实意义。同时，公众对教育服务的需求内容是动态变化的，要及时掌握其变化特征才能实现对需求的有效回应。根据新公共管理理论，要强调目标产出控制的重要性，按照"3E"原则，明确实施学前教育服务绩效的目标控制，建立科学的绩效评估制度，强调以实际成效为导向，以公众评价为导向，对学前教育服务的供给绩效进行实时监测，及时发现供给短板以实施精准补足，是提高教育服务供给质量和效率的重要方式。

需强调的是，学前教育服务供给效率并不是唯一的绩效评判标准。若为提高服务供给效率而损害公共利益，无疑将违背学前教育作为公共服务供给的初衷。特别是在民族地区农村，将可能面临人口分散等问题导致的高成本问题，难以满足政府对服务供给效率的追求，但这并不能成为阻碍政府在民族地区农村供给学前教育服务的原因。在笔者看来，努力实现教育公平作为民族地区农村学前教育服务供给的基本出发点，必须始终坚持。在此基础上，应坚持"以评促优"的方式，基于服务供给绩效的实时监测情况，对民族地区农村学前教育服务供给内容实施动态调整，不断提升民族地区农村学前教育服务供给的质量与效率。

第三节　农村学前教育服务的供需匹配分析

笔者分别从供给侧和需求侧出发，将农村学前教育服务供给的新时代目标界定为实现城乡学前教育一体化和办好人民满意的教育，为完善农村学前教育服务供给指明了方向。在该目标指导下，本节将在理论层面继续探讨农村学前教育服务的供需匹配情况，梳理各阶段的供需匹配特征以及发展趋势，为进一步提出农村学前教育服务供给的优化措施提供理论支撑。

1. 农村学前教育服务供给模型

目前，我国农村学前教育已经完全进入政府主导发展的新阶段。特别是在部分社会经济发展相对滞后的中西部农村，严重的市场失灵问题导致民办园缺乏"落地生根"的市场环境，只能依靠政府承担起学前教育服务供给的主导责任，因而教育部门办园成为多数农村家庭获取学前教育服务的唯一途径。在本研究的农村学前服务供给模型中，仅将教育部门办园纳入分析范畴，即假设农村学前教育服务供给的主体为政府。

政府通过直接投入资本，促进农村学前教育服务供给水平的提高。其中，农村学前教育服务供给水平本应是一个多维度评价指标，为简化对农村学前教育水平的度量，本研究仅考虑了学前教育资源的供给数量和供给质量，并将两者进一步合并为一个单独变量 SQ；农村学前教育的资本投入也存在各种不同形式，例如教育经费、闲置房屋等，为简化资本的不同形式，本书仅考虑政府对农村学前教育的财政投入，并以变量 K 来表示。需指出的是，财政投入水平仅是决定农村学前教育服务供给水平的重要变量，而非唯一变量，至少还需要考虑发展基础、政策环境、发展机制等方面。但在本研究的分析中，为简化分析，只考虑财政投入水平对农村学前教育服务供给水平的影响，而保持其他条件不变。综上所述，本书引入农村学前教育服务供给函数：

$$SQ = SQ(K)$$

政府对农村学前教育财政投入的增加，将显著促进农村学前教育服务供给水平的提升（刘积亮，2018）。换言之，农村学前教育财政投入的边际收益的系数为正，即 $dSQ/dK > 0$。然而，农村学前教育财政投入的边际收益是变化的。正如上文所述，农村学前教育服务供给水平（SQ）由学前教育资源供给数量和供给质量共同决定。在推进农村学前教育发展的政策实践中，政府将率先推进教育普及工作，解决农村儿童"有学上"问题，即增加学前教育资源的供给数量。然而，即使是在同一县域内部，不同行政村的学前教育发展基础条件也会有所差异，导致等量投入产生不同的边际收益。基础条件较好的行政村率先完成学前教育普及工作，而其他行政村的发展进程可能并不理想，相应地整体供给水平的提升速度会相对放缓，导致财政投入的边际收益逐渐减少，即 $\mathrm{d}^2SQ/\mathrm{d}^2K < 0$。

此外，伴随教育普及工作的完成，农村教育也将迎来由普及外延转向提升内涵的发展拐点（柳海民，2008）。换言之，达到一定的学前毛入园率后，农村学前教育的工作重心将逐步转移到提高学前教育质量上，解决农村儿童"上好学"的问题。然而，提高教育质量与普及教育资源存在显著差别，教育质量并不能通过教育投入的增加而实现快速提高。对普及教育资源的投入往往存在较为固定的边际回报。例如，加快完善农村教育的基础设施建设，可通过购买教学设施设备、新改扩建教室等多种途径实现。由于相关物资采购的价格固定，相应的资金投入边际效益相对稳定，只需通过加大教育投入便能有效地改善农村教育的基础设施建设。但农村教育质量问题，并不是只要通过加大经费投入力度就能够解决，这涉及进一步的农村教育管理体制机制改革，相应的提升难度更大。因此，本研究假设在学前教育质量提升阶段，仍将延续财政投入的边际收益逐渐减少的发展态势，即 $\mathrm{d}^2SQ/\mathrm{d}^2K < 0$。

需强调的是，农村学前教育服务供给水平并不会随着财政投入的增加而被无限度地提高。城市学前教育服务供给水平作为政府现阶段能够提供的最高水平，在实现城乡一体化目标的指导下，理应也是农村学前教育服务供给水平的上限。为简化分析，本研究假设城市学前教育服务供给水平始终保持在 c 上。综上所述，就理论而言，农村学前教育财政投入存在边际收益递减现象，并且当农村学前教育服务供给水平等于城市学前教育服务供给水平时，农村教育财政投入的边际收益为 0，即 $\mathrm{d}^2SQ/\mathrm{d}^2K = 0$（见图 3 - 1）。

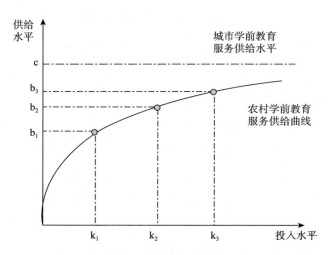

图 3 – 1 农村学前教育服务供给曲线

2. 农村学前教育服务需求模型

家长为农村学前教育服务的需求主体，可将家长对教育的需求视为对教育服务这种商品的消费。正如上文所述，教育服务对家长而言是一种正常商品，反映家庭收入与教育服务需求水平变化的恩格尔曲线将向右上方倾斜（杨明等，2003）。相应地，农村居民收入水平（I）的提高也将促进学前教育服务需求水平（DQ）的提高，即 $\mathrm{d}DQ/\mathrm{d}I > 0$。需指出的是，此处对家庭教育需求和收入水平的衡量并非以某个家庭需求为参考，而是以整个地区的平均水平为参考。在此基础上，本研究假设即使农村居民收入处于低水平，每个家长也是期望子女能够受到学前教育的。换言之，农村学前教育服务需求水平的差异仅体现在教育质量方面，即对优质教育的需求水平。

当然，农村家庭收入水平仅是决定教育需求水平的重要变量，而非唯一变量。就本研究看来，至少还需要考虑家庭成员教育背景、人力资本价值认知等方面，但在本研究分析中，为简化分析，只考虑家庭收入水平对农村学前教育需求水平的影响，而保持其他条件不变。综上所述，本研究引入农村学前教育服务需求函数：

$$DQ = DQ(I)$$

不同收入水平的家庭，对学前教育的需求差异不仅体现在绝对水平上，并且体现在对学前教育服务的边际消费需求上。具体而言，教育需求是基于家庭支付能力的消费服务，就绝大多数的低收入家庭而言，他们首先必须满足家庭成员的生理需求，购买足量的食物、衣物等缺乏需求弹性的必需品，对优质教育服务的需求意愿相对较弱。但他们通过接受教育改变经济落后状况、改变社会地位、提高自我价值的意愿又较为强烈（徐君等，2010），在逐步满足生理需求的过程中，对优质教育服务的消费需求也将逐渐加大。特别地，农村居民对教育服务的需求通常超过对生产类公共服务的需求，在农村公共服务需求偏好中其处于优先地位（例如，张立荣等，2011；高萍和冯丹丹，2012）。因此，在农村居民的生理需求得到基本满足后，他们将迅速提高对教育服务的需求水平，即 $\mathrm{d}^2 DQ / \mathrm{d}^2 I > 0$。

当然，家长对学前教育服务的需求水平并不能随着收入水平的提高而无限度地加速提高，这一需求水平也是有限度的。在城乡教育发展失衡的现实情况下，多数农村居民认知中的优质教育等同于城市教育。这表明，家长对农村学前教育服务的需求上限其实是城市学前教育服务的供给水平。伴随收入水平的持续提高，家长对农村学前教育服务的需求水平将逐渐逼近城市学前教育服务的供给水平。因此，家长对学前教育服务的边际消费需求虽然始终保持为正值，但伴随收入水平的提升将出现先增后减的发展态势。换言之，在低收入水平阶段，在其他条件不变的情况下，伴随收入水平的不断提高，家长对学前教育服务的边际消费需求将逐渐增大，即 $\mathrm{d}^2 DQ/\mathrm{d}^2 I > 0$；当家庭收入水平达到某一程度（假设为 i_2）后，家长对学前教育服务的边际消费需求将逐渐减小，即 $\mathrm{d}^2 DQ/\mathrm{d}^2 I < 0$，直至需求水平等于城市学前教育服务的供给水平，家长对学前教育服务的边际消费需求将等于 0，即 $\mathrm{d}^2 DQ/\mathrm{d}^2 I = 0$（见图 3 - 2）。

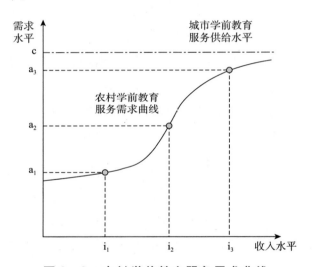

图 3 - 2　农村学前教育服务需求曲线

3. 农村学前教育服务供需匹配状态

根据上文构建的农村学前教育服务供给函数和需求函数，即 $SQ = SQ$（K）和 $DQ = DQ$（I），结合各自边际变化特征，在保持其他条件不变的前提下，本研究分别绘出了农村学前教育服务供给曲线和需求曲线。为进一步分析农村学前教育服务的供需匹配情况，本研究将利用政府对农村学前教育的财政投入水平（K）和农村居民收入水平（I）之间的相关性，绘出农村学前教育服务供需匹配曲线。为简化分析，本研究假设政府对农村学前教育的财政投入（K）和农村居民收入（I）之间呈线性增长关系［见图 3 - 3（c）］。

以图 3 - 3（c）为参考，分别将不同投入水平和收入水平所对应的农村学前教育服务供给水平和需求水平相匹配。具体而言，以收入水平 i_1 为例，i_1 所对应的农村学前教育服务需求水平为 a_1，而 i_1 在图 3 - 3（c）中所对应的投入水平为 k_1，k_1 所对应的农村学前教育服务供给水平为 b_1。可以得出，在保持其他条件不变的前提下，与农村学前教育服务需求水平 a_1 相匹配的供给水平为 b_1，在图 3 - 3（d）中对应于 B 点。按照上述匹配方式，便可绘出图 3 - 3（d）中的农村学前教育服务供需匹配曲线。需指出的是，图 3 - 3（d）中的曲线 OF 由农村学前教育服务供给水平与需求水平相等的点构成。

根据图 3 - 3（d）中的农村学前教育服务供需匹配曲线，政府主导下的农村学前教育发展将依次经历供不应需（A - B）、供过于需（B - D）、供不应需（D - F），最后达到供需均等状态 F，即实现城乡学前教育一体化的理想状态。

在 A - B 期间，由于该阶段政府主导下的农村学前教育发展刚起步，多数农村尚未完成学前教育资源的普及工作，即便是最基本的"有学上"的需求都难以得到满足，表现为供不应需状态。随着政府财政投入的逐渐增加，学前教育普及工作得以快速推进，而在此过程中，家长对学前教育质量的需求水平并未发生较大变化，促使农村学前教育服务供给水平能够快速赶上需求水平，进而达到 B 点。在 B 点，农村学前教育服务实现供需均等，但该时期的农村学前教育服务供给水平与城市学前教育差距较大，属于低水平供需均等。

在 B - D 期间，政府在该阶段初期仍能保持较高的农村教育

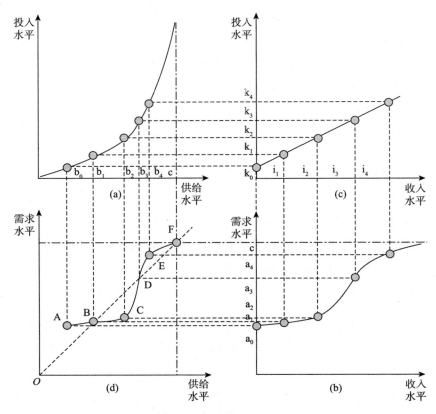

图 3 - 3   农村学前教育服务供需匹配曲线的推导过程

财政投入的边际收益，而家长对学前教育服务的边际消费需求相
对不足，促使农村学前教育服务的供给水平逐渐与需求水平拉
开距离，表现为供过于需状态。随着农村居民收入水平的逐渐
提高，在满足基本的生理需求后，家长对学前教育服务的边际
消费需求将显著增大，而农村学前教育财政投入的边际收益却
在递减，将扭转正在扩大的学前教育服务供需水平差距，直至
达到 D 点，农村学前教育服务再次实现供需均等状态。在此期
间，虽然政府始终较好地满足了家长对农村学前教育服务的需
求，实现了办好人民满意的教育的目标，但农村学前教育服务

供给水平仍然远低于城市学前教育服务供给水平，属于低水平供需均等。

在 D – F 期间，家长在该阶段初期仍能保持较高的学前教育服务的边际消费需求，而政府对农村教育财政投入的边际收益相对不足，促使农村学前教育服务的需求水平逐渐与供给水平拉开距离，表现为供不应需状态。随着家长对农村学前教育服务的需求水平逐渐逼近城市学前教育服务供给水平，相应的边际消费需求将快速减小，而政府始终保持着相对稳定的供给水平提升速度向城市学前教育服务供给水平逼近，将扭转正在扩大的学前教育服务供需水平差距，直至达到 F 点。在此期间，政府虽然未能满足家长对农村学前教育服务的需求，但经过不断提升学前教育质量后，最终达到供需均等的 F 点，不仅满足家长对学前教育服务的需求，实现了办好人民满意的教育的目标，更重要的是达到了城乡学前教育一体化发展的理想状态。

第四节　对民族地区农村学前教育服务
供给的理论启示

在实践过程中，政府主导下的农村学前教育服务供给可能会面临更多的挑战。特别是在民族地区农村，学前教育不仅起步晚、基础弱，而且面临更加复杂的人口分布、地理区位特征等问题，政府主导的学前教育服务供给要同时兼顾民族地区与非民族地区，并考虑城市与农村的差异，因此学前教育服务供需匹配状态可能不会按照图 3 – 3 所示的那样发展。本节将在借鉴农村学前教育匹配分析结果的基础上，结合第二章中关于民族地区农村学前教育服务的特殊性分析，提出民族地区农村学前教育服务需要警惕的两个供给困境，以及可以借鉴的三项供给优化措施。

1. 警惕农村学前教育服务陷入低水平供给陷阱

虽然现阶段各级党委、政府增加了对农村学前教育服务供给的财政支持力度，但我国教育经费投入总量有限，农村适龄学生基数庞大，分摊给个人的教育投入往往有限。特别是进入教育质量提升阶段后，若政府继续沿用教育普及阶段的"撒胡椒面"方式，而不结合当地农村教育发展实际，出台针对性措施进行分步优化，将可能导致农村教育财政投入边际回报的快速降低。在这种情况下，农村学前教育服务供给水平还未接近城市学前教育服务供给水平，其财政投入的边际回报便可能下降为 0。如图 3 - 4 所示，在其他条件不变的情况下，伴随财政投入的不断增加，农村学前教育服务供给水平的提升速度逐渐放缓，到达 k_5 点后，财政投入的边际收益降为 0，这意味着财政投入的增加将不再提升农村学前教育服务的供给水平。然而，此时的农村学前教育服务供给水平仅为 b_5，与城市学前教育服务供给水平 c 仍存在较大差距，导致城乡学前教育服务供给在未来较长的一段时间内都将存在差距，与农村学前教育发展的新时代目标背道而驰。这种情况即为农村学前教育发展陷入低水平供给陷阱。

2. 警惕农村学前教育出现适龄儿童"空心化"现象

伴随农村居民收入水平的快速提升，家长对农村学前教育服务的需求水平将不断提高，甚至在短期内达到城市学前教育服务供给水平。农村学前教育服务供给如果长期难以满足家长的服务需求，那么会使家长对农村学前教育失去耐心和信心。如图 3 - 5 所示，在家庭条件允许的前提下，即收入水平超过 i_5，家长为了让子女获得优质教育资源，将选择"用脚投票"的方式，把子女

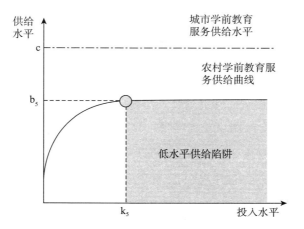

图3-4　农村学前教育服务的低水平供给陷阱

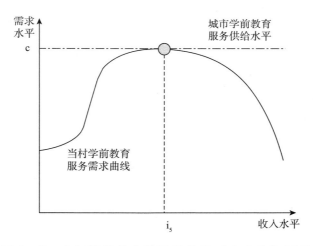

图3-5　农村学前教育的适龄儿童"空心化"现象

送到城市接受教育。已有研究表明，满足子女教育需求已经成为农村劳动力向城市转移的关键因素（刘燕和吕世辰，2018）。在这种情况下，对农村学前教育的负面评价会在乡村熟人社会中快速扩散，促使越来越多的适龄儿童直接选择进城就学，建成的农村幼儿园可能面临生源困难问题，导致家长对农村学前教育服务的需求水平快速下降。农村适龄学生的大量流失，一方面，将导致城市教育不得不面临超负荷运转的局面，加剧"城市挤""乡村弱"的问题，成为引发社会矛盾的潜在风险；另一方面，使得农村学前教育将面临教学设施设备的大规模闲置，资金投入的边际回报进一步降低，进而陷入"低质量－差生源"的恶性循环，导致农村学前教育出现适龄儿童"空心化"现象。

3. 注重农村学前教育服务的效率供给

政府作为民族地区农村学前服务的供给主体，在财政资金投入不变的条件下，可以通过提高财政投入效率提高服务供给水平。如图 3－6（a）所示，在财政投入效率提高之前，政府对农村学前教育服务的投入水平至少需要达到 k_7，才能确保农村学前教育服务供给水平达到其上限 b_6。政府通过提高财政投入效率，虽然不能促进农村学前教育服务供给水平上限的提升，但可以提高农村教育财政投入的边际收益。在图 3－6（a）中，财政投入效率提高后的农村学前教育服务供给曲线 SQ'，仅需要在投入水平为 k_6 时便能提前达到供给水平 b_6。因此，政府通过提高财政投入效率，可以在更低的农村学前教育财政投入水平上达到相同的供给效果，更快地满足家长的教育服务需求，缩短供不应求的阶段跨度，实现学前教育服务的效率供给。当然，政府还能够通过增加财政投入提高服务供给水平，在图 3－6（b）中，居民收入－财政投入曲线由 KI 变为 KI′，在农村居民收入水平不变的情况下，政府将财政投入水平由 k_8 增加至 k_9，虽然农村学前教育服务供给曲线未发生改变，但伴随财政投入水平的提高，农村学前教育服务供给水平将由 b_8 增加至 b_9。但考虑到财政投入有限，政府通过增加财政投入促进民族地区农村学前教育服务供给水平的提升的可持续性不强，因而不在本研究的建议范围内。

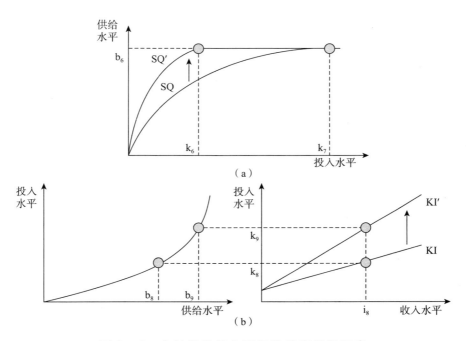

图 3 – 6　农村学前教育服务的效率供给示意

4. 注重农村学前教育服务的有效供给

家长为农村学前教育服务的评价主体，他们对学前教育服务的主观评价，直接决定办好人民满意的教育目标的实现。就理论而言，实现农村学前教育服务的供需均等，甚至是供过于需，是保持家长满意度的重要手段。然而，受限于不完全信息和教育偏好差异，家长对农村学前教育服务供给的主观评价可能偏离客观水平。如图 3 – 7 所示，在 M 点，学前教育服务供给水平为 b_{10}，而与其相对应的需求水平为 b_{11}，供需水平差距为 $(b_{11} - b_{10})$，表现为供不应需状态。若政府提供的农村学前教育服务正好契合家长教育偏好，并且家长能够有效获取这些信息，那么家长感知到的供需水平差距将小于 $(b_{11} - b_{10})$。反之亦然，若政府提供的农村学前教育服务无法契合家长教育偏好，即使当前的供给水平远高于需求水平，家长也可能给予教育服务以负面评价。因此，政府在主导农村学前教育服务供给的过程中，应及时掌控家长对学前教育服务的主观评价反馈，明确其教育服务偏好，有针对性地完善教育服务供给内容，提高家长对学前教育满意度的评价，才能持续增加农村居民的获得感和幸福感，实现学前教育服务的有效供给。

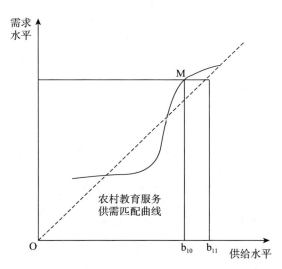

图 3 - 7　农村学前教育服务的有效供给示意

5. 注重农村学前教育服务的精准供给

儿童为农村学前教育服务的消费主体，他们的成长情况能够直接体现教育服务的供给质量，也是家长判断农村学前教育服务供给水平的重要依据。需指出的是，接受学前教育对儿童的成长影响是多维度的。即使农村学前教育服务供给水平远低于城市水平，但这并不代表接受农村学前教育的儿童（下简称"农村儿童"）在所有方面都落后于接受城市学前教育的儿童（下简称"城市儿童"）。换言之，由于学前教育服务供给水平的差异，农村儿童在部分成长维度上可能落后于城市儿童，而在另一部分成长维度上可能与城市儿童无异，甚至优于城市儿童。在优质学前教育资源有限的情况下，只有通过找准农村学前教育服务供给与城市学前教育服务供给的差距，优化农村学前教育服务的供给方式，将有限的资源用于对服务供给短板的精准补足，才能让农村学前教育服务供给逐渐向城市学前教育看齐。如图 3−8 所示，精准补足农村学前教育服务的供给短板，虽然在学前教育资源普及阶段未能表现出显著差异，但在进入教育质量提质阶段后，仍能保持较高的财政投入边际回报率，并让农村学前教育服务供给水平更趋近于城市（$b_{13} > b_{12}$），更好、更快地满足家长的教育服务需求，实现学前教育服务的精准供给。

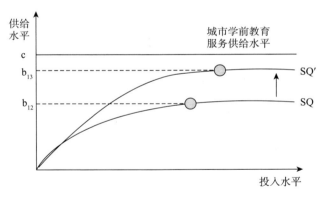

图 3−8　农村学前教育服务的精准供给示意

　　综上所述，政府主导下的民族地区农村学前教育服务供给，若继续沿用教育普及阶段的"撒胡椒面"方式，不能主动出台针对性优化措施，抓住实施乡村振兴战略的历史机遇，将可能长期陷入低水平供给陷阱。同时，农村居民对学前教育需求水平的提高，对农村学前教育服务提出了更高的供给要求。若无法有效回应家长的服务需求，农村学前教育不得不面临适龄儿童"空心化"现象。需指出的是，乡村振兴战略"二十字"方针所体现的五大目标任务之间具有显著的关联性，实现振兴的乡村即使不是"全优生"，也不能是"偏科生"，在各个方面都需满足一定的基础条件（贾晋等，2018）。从长期来看，民族地区农村教育始终是服务乡村振兴的重要组成部分（秦玉友和曾文婧，2018），发挥着显著的经济效应、社会效应和政治效应。民族地区农村学前教育服务供给的"失位"甚至是"缺位"，必将成为实现乡村振兴战略的重要阻碍。

为优化民族地区农村学前教育服务供给，有效避免农村学前教育服务陷入低水平供给陷阱以及农村学前教育出现适龄儿童"空心化"现象，本研究根据图3-3中对农村学前教育服务供需匹配曲线的理论推导过程，从教育财政支出、儿童入学准备以及家长主观评价三个方面入手，提出了效率供给、有效供给和精准供给三种供给优化措施，以此确保实现城乡学前教育一体化和办好人民满意的教育的新时代目标。然而，无论是效率供给、有效供给还是精准供给，都是提高学前教育服务供给效率的具体表现形式。要将上述三种优化措施落实到具体的政策实践中，根据上文对民族地区农村学前教育服务优化策略的探讨，需要按照"以评促优"的方式，进一步明确实施学前教育服务绩效的目标控制，建立科学的绩效评估制度，对学前教育服务的供给绩效进行实时监测，并以绩效评估结果为参考，才能从效率供给、有效供给和精准供给等方面对服务供给进行优化。

第四章
"一村一幼"计划的发展概述

第一节 实施"一村一幼"计划的逻辑起点

　　四川省是多民族大省，省内有全国唯一的羌族聚居区、最大的彝族聚居区和第二大藏区。少数民族主要聚居在阿坝藏族羌族自治州、甘孜藏族自治州、凉山彝族自治州及北川羌族自治县、峨边彝族自治县、马边彝族自治县、木里藏族自治县[①]。我国有14个集中连片特困地区，其中属于四川省的民族地区便有乌蒙山区的马边彝族自治县、凉山彝族自治州部分县域，秦巴山区的北川羌族自治县，四省藏区的阿坝藏族羌族自治州、甘孜藏族自治州和凉山彝族自治州的木里藏族自治县。四川省民族地区存在贫困问题"面大、人多、程度深"的突出特点，因而民族地区的精准脱贫工作一直以来都是全省脱贫攻坚的重点和难点，在较大程度上决定全省是否能够如期实现全面建成小康社会的奋斗目标。

---

　　① 相关内容来源于四川省人民政府门户网站的《四川概况》，具体参见：http://www.sc.gov.cn/10462/10778/10876/2013/3/27/10253724.shtml。

在这场脱贫攻坚战中，四川省不仅立足于解决民族地区贫困家庭的温饱问题，依托多渠道提高人均收入水平，而且从加强教育、医疗等公共服务配置入手，着力增加贫困家庭的人力资本存量，切实阻断贫困的代际传递问题。特别是在教育领域，四川省在民族地区大力开展教育扶贫工作，通过实施"一村一幼"计划、15年免费教育计划、"9+3"免费职业教育计划等政策措施，持续推动民族地区教育事业的快速发展。其中，作为四川省首创的教育扶贫政策，"一村一幼"计划于2012年在四川省阿坝州率先展开试点工作，并逐渐推广到全省其他民族地区，为加快民族地区农村学前教育事业发展做出巨大贡献。然而，对该项政策的提案、制定以及后期的大范围推广实施并非偶然情况，而是在面临一系列农村学前教育发展滞后导致的客观问题的基础上，不得不提出的政策创新尝试。

具体而言，由于政府资金投入不足、资源分配不均、家长观念落后等，西南民族地区农村学前教育发展普遍存在入园率低、教育不公平等突出问题（谢应宽等，2014）。以四川省阿坝州为例，阿坝州于2007年率先在全省民族地区实现了整体"普九"目标，基本解决了适龄学生"有学上"的问题，并在创新民族教育改革方面取得了诸多令人瞩目的成绩。然而，在阿坝州"普九"工作由"拓面"转向"提质"的过程中，学前教育发展滞后产生的负面影响被迅速扩大，成为制约全州整体教育水平提升的关键因素。由于学前教育未被纳入义务教育，多数适龄儿童，特别是农村地区的适龄儿童，面临"无园可上"的问题，只能在家等至年满6周岁后直接进入小学接受课堂教育。2010年，全州仅有61所幼儿园，在园幼儿数为12679人，学前三年毛入园率仅为16%，与同期全省平均水平比相差较大。

大量实证研究已证实，学前教育经历对儿童的后期成长具有不可替代的积极作用（例如，Cunha et al.，2006；Berlinski，2008；Rao et al.，2012）。根据阿坝州的实地调研结果，缺失学前教育经历，造成了多数儿童存在以下几个方面的入学准备能力不足问题。

第一，行为习惯方面。部分家长仍保留较为传统的生活方式，对儿童生活习惯的培养意识较差，加之缺乏系统的生活习惯培训，因而这些儿童进入小学前未能养成良好的生活习惯，部分甚至存在生活难以自理的情况，例如不会独立吃饭、如厕等。部分学生没有养成良好的学习习惯，导致他们在学校学习过程中，成为破坏班级学习氛围的主要因素。例如，部分学生不遵守课堂规矩，喜欢在上课期间交头接耳，更有甚者在上课过程中随意走动，严重影响教学秩序；部分学生不听从老师的安排，不按时完成课堂作业，并怂恿他人一起对抗老师的安排。面对这些儿童，小学老师不仅需要讲好课堂知识，还不得不花费大量的时间精力重新培养他们的生活习惯和学习习惯，尽可能解决学前教育经历缺失导致的行为习惯培养问题，因此严重影响了班级的正常教学进度。

第二，语言听说方面。多数家长在日常生活中会使用地方方言与儿童进行沟通交流，未受过学前教育的儿童很难在上小学前受到规范的普通话听说训练，相应的普通话理解和表达能力也相对较弱，因而在入学之初可能需要花费3~6个月的时间适应普通话教学方式。特别是部分少数民族家长，只会使用本民族语言而不会使用汉语，导致其子女在上小学之前可能连基本的汉语听说能力都不具备。对于这部分学生而言，他们即使愿意主动地接受普通话学习，也需1~2年的时间才能掌握基本听说能力。在这段时间中，他们难以听懂老师的课堂讲授内容，在学习进度上远远落后于其他同学。即便在二、三年级时掌握了汉语听说能力，但老师所讲的知识内容已是"天方夜谭"，学业知识欠账只会越积越多，导致自信心严重受挫，进而逐渐产生厌学情绪。

第三，社会交往方面。多数没接受过学前教育的儿童从未在集体中生活过，因而在上小学的初期，可能对集体生活表现出较强的不适应性。例如，他们可能缺乏集体意识，在集体活动中不守规矩，该保持安静的时候大声喧哗，该保持不动的时候随意走动，影响集体活动的基本秩序。部分儿童甚至养成了说脏话、乱打人等恶劣习惯。此外，由于他们平时更多是和家人相处，处处都有家人迁就，缺乏与同龄人相处的机会和经验，在学校生活中，他们可能就会按照自己在家时的行为逻辑与同学相处，难免与其他同学发生矛盾冲突；也可能过于害羞内向，害怕与其他同学相处，这些都不利于其融入集体生活。特别是部分存在汉语交流障碍的学生，在与老师、同学的日常交往中，他们可能会害怕与人沟通，逐渐在学校中养成孤僻的习惯，难以融入学校的集体生活。

总的来说，就自我调整能力较强的儿童而言，他们能够通过主动向其他同学学习，逐渐跟上小学学习生活的节奏，弥补学前教育经历缺失产生的影响。然而，就自我调整能力不强的儿童而言，他们可能因为不善社会交往、课程学习等，逐渐对校园生活产生厌倦情绪，抵触到学校接受教育。随着学生年级的上升，各类辍学问题逐渐频发。教育巩固率提高不足已成为制约全州教育事业发展的重要问题，而其源头不仅是基础教育质量不高、家庭经济条件较差，更重要的是学前教育经历缺失引致的儿童入学准备能力不足。为解决上述问题，阿坝州以农村学前教育事业发展为突破口，明确提出要实施"一村一幼"计划，并将其作为重大民生工程，全面普及学前一年教育、逐步普及学前三年教育，推动学前教育实现跨越发展。当然，阿坝州学前教育发展滞后导致的问题并非特例，在多数民族地区都有类似问题发生。因此，阿坝州的"一村一幼"计划在实施后不久，便陆续被省内其他地区所借鉴，在全省民族地区展开了大规模的试点工作。

第二节 "一村一幼"计划的主要做法及实施流程

1. "一村一幼"计划的主要做法

为确保"一村一幼"计划的顺利实施，在四川省委、省政府的大力支持下，各市、州将"一村一幼"计划作为政治任务并纳入民生工程，上下形成"一盘棋"思想，不断推进民族地区农村学前教育事业的发展。例如，乐山市将"一村一幼"计划纳入助推全市彝区发展的"十大举措"和小凉山综合扶贫开发总体规划，并明确由两名市委常委负责，市委组织部牵头揽总，教育局、宣传部、财政局、扶贫移民局等部门协同配合，"两县一区"① 党委、政府负责具体实施，在全市形成了各级党委、政府齐抓共管、各级部门单位密切配合的工作局面。在各级党委、政府的高度重视下，不同地区结合各自的基础条件、资源特色等，在政策实践过程中，探索出了大量的创新经验。总的来说，"一村一幼"计划

---

① "两县一区"指的是，乐山市小凉山彝区范围内的峨边彝族自治县、马边彝族自治县和金口河区。乐山市从2014年起，在上述3个区县正式实施"一村一幼"计划。

的主要内容包括以下几点。

第一，加大资金投入保障，创新多元办学模式。针对民族地区学前教育底子薄、资金少、成本高的办学现状，各市、州政府出台了一系列政策措施，通过统筹多方资源，鼓励多元主体共同办学，确保民族地区农村幼儿园实现从无到有的突破。例如，阿坝州坚持"保基本、广覆盖、多形式"原则，在充分争取上级财政支持的基础上，将学前教育经费纳入州、县财政支出预算，以此确保"一村一幼"计划经费能够在规定时间内足额到位。与此同时，各市、州政府积极探索多元合作供给模式，通过建立"以奖代补"机制，引导社会团体、企事业单位、集体经济组织等不同主体参与农村幼儿园建设，确保他们在经费减免、政策扶持上享有与公办幼儿园同等的优惠，在一定程度上解决了政府主导供给所面临的财政经费投入不足、教师编制受限等发展约束问题，并且为农村居民提供了更加丰富的学前教育选择机会。

第二，拓宽选人用人渠道，加快师资队伍建设。民族地区学前教育的师资队伍建设存在"招人难、留人难"问题，特别是具有双语教学能力的教师，严重供不应求。为应对教职工缺失问题，多数自治县采取"从小学教师中转岗一批、从代课教师中聘用一批、从基层服务人员中调剂一批"的方式，率先补足农村幼儿园教师数量。此外，由州、县教育局统筹安排各类职后培训活动，持续加大对非专业幼儿教师的培训力度，提高幼儿教师队伍的综合从业能力。例如，乐山市采取校地合作培训模式，主要依托乐山师范学院和县本级教师进修学校，对全市彝区农村幼儿园教师进行"全覆盖"培训，提升"一村一幼"计划的保教质量。

第三，促进城乡资源流动，破解区域发展不均。针对城乡学前教育发展不均的难题，各市、州出台了一系列政策措施，将学前教育资源由单向流动转变为双向流动，重点引导优质学前教育资源向乡村流动。例如，阿坝州通过倡导"以城带乡、以点带面、以优带弱"的"1＋N"帮带机制，组织农村幼儿园教师到县城幼儿园跟岗锻炼，鼓励县城优秀幼儿教师到农村幼儿园挂职指导，打通了城乡教育资源流通渠道，夯实了县、乡、村三级学前教育服务体系，促进了城乡教育一体化发展；乐山市制定对口帮扶彝区学前教育发展方案，采取"县对县、园对园、师对师"的方式，帮助彝区改善办园条件、提高管理水平、提升队伍素质、提高保教质量，聚全市优质学前教育资源倾力帮扶彝区学前教育健康发展。

第四，规范村幼教学标准，突出民族特色教育。为传承不同民族的传统文化，各市、州主动借鉴内地先进办学模式，在规范保育标准的基础上，对构建体现民族特色的教学标准进行了一系列探索。例如，阿坝州按照"因地制宜、以人为本、传承文明、凸显特色"的思路，充分利用本土文化资源优势，丰富教材内容、完善课堂形式、创新教学方法，探索出多元文化整合教育的有效实践路径；红原县出台《红原县3～6周岁儿童藏语言发展指南》，为双语学前教育中藏语言教学制定标准，汶川县和理县将博巴森根、羊皮鼓舞、羌绣、押加、推杆等民俗文化和传统体育融入村级幼儿教育活动中，推动了民族地区幼儿园的特色课程开发。

第五，完善配套政策措施，规范村幼日常管理。保证顺利开园教学仅是"一村一幼"计划的第一步，为确保农村幼儿园能够在后期遵守管理规范，持续发挥正向效应，各市、州还出台大量的配套政策措施。例如，乐山市先后出台《乐山市彝区"一村一幼"管理意见》《乐山市彝区"一村一幼"保教工作考核的指导意见》《乐山市彝区"一村一幼"设备设施配备的意见》《乐山彝区"一村一幼"安全管理守则》等指导文件，确保"一村一幼"计划的顺利开展。实施"一村一幼"准入制，分区县制定和实施农村幼儿园卫生保健、教学保育等系列工作制度，促进办学规范。组织县级政府和乡镇、村组层层签订安全责任书，严格落实幼儿接送、卫生防疫、消防安全、交通安全等要求，实行入园、教学、游戏、进餐、午睡、离园等园内一日的 6 个环节的无缝隙管理。

2. "一村一幼"计划的实施流程

在"一村一幼"计划的实施过程中，不同地区根据实际情况主动调整，出现了"一村一幼""一村多幼""多村一幼"等多种实施形式。需指出的是，上述不同实施形式虽然在农村幼儿园数量的设置上存在差异，但在政策执行的流程规范上均可以总结为四个阶段：第一阶段是教育需求调查；第二阶段是村民开会表决；第三阶段是项目立项申报；第四阶段是组织项目实施（见图 4 - 1）。

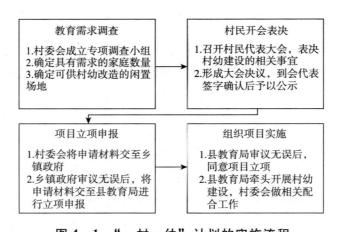

图 4 - 1 "一村一幼"计划的实施流程

第一阶段，对学前教育需求的摸底调查。首先，由村委会组织成立专项调查小组，对村内具有或即将具有学前教育需求的家庭数量进行摸底调查，了解这些家庭让子女在村内接受学前教育的意愿，并让愿意在村内接受学前教育的家长签字确认；其次，若签字确认的家庭数量超过 3 家，专项调查小组成员便开始着手在村内寻找可用于农村幼儿园教学场地改造的闲置房屋，例如村委会用房、村中心小学等，列出可用场地清单备用。

第二阶段，召开村民代表大会形成决议。首先，村委会组织召开村民代表大会，其中具有学前教育需求的家庭必须出席；其次，调查小组就前期调查情况进行专题汇报，与会代表共同讨论建设农村幼儿园的相关事宜，特别是确定村教学场地的最终选择；最后，与会代表就农村幼儿园建设的相关事宜进行表决并形成决议纪要，经村民代表确认无误后，将决议通过事项予以公告。

第三阶段，逐级上报材料至县教育局立项。首先，公告结束后，以村委会为主体向行政村所在乡镇政府提出农村幼儿园建设项目申请，申请材料包括立项申请书、村民代表大会的会议纪要、决议纪要等；其次，乡镇政府接到村委会的申请材料后，对申请材料的真实性进行确认，并就农村幼儿园建设的可行性进行再论证。若确认材料无误，出具相关意见书，附以村委会提交的申请材料，交至县教育局进行立项申请。

第四阶段，县教育局拨款实施幼儿园建设。首先，县教育局接到立项申请后，由基建股或幼教股的工作人员对材料进行审核，并前往实地进行查看，审核无误后予以正式立项；其次，县教育局根据农村幼儿园场地改建的实际需求进行拨款，通常由基建股工作人员牵头组织施工人员，对活动室、盥洗室、厨房、操场等场地进行新建改建，并按照统一的农村幼儿园教学配套标准进行设施采购①。在此过程中，村委会负责协助县教育局工作人员开展相关工作；最后，场地改建完成并通过项目验收，每个农村幼儿园在至少配备 1 名幼儿教师和 1 名保育员后，便可开展正常的教学工作。

第三节 "一村一幼"计划的主要成效

四川省"一村一幼"计划实施以来，经过各级党委、政府的共同努力，取得了较为显著的成绩，极大地推动了民族地区学前教育事业的发展，各类学前教育发展指标实现对全国、全省平均水平的反超，为创新教育扶贫实践内容做出了积极贡献。除此之外，农村学前教育事业的发展，让农村幼儿园逐渐成为乡村的人流聚集中心，为基层党组织建设提供了新的阵地，并且有效地提高了乡风文明的整体水平。

1. 推动学前教育事业发展

通过推进"一村一幼"计划，四川省民族地区初步形成了县、乡、村三级学前教育服务体系，各类学前教育发展指标在短期内实现快速增长，推动了民族地区教育公平的实现。同时，"一村一幼"计划的实施，倒逼了学前教育人才队伍建设，从整体层面提高了民族地区学前教育的师资水平。以阿坝州为例，全州独立设置的幼儿

---

① 以汶川县为例，根据《汶川县村级幼儿园设置标准》，村级幼儿园需配有活动室、寝室和盥洗室，使用面积均不少于 35.8 平方米，设保健室与办公用房，并逐步配备音乐室、游戏室等其他功能室；室内配有适合幼儿年龄特点的桌椅，有必要的电子琴、电视机、录音机等教学设备，玩具数量达人均 3 件以上；室外配有平整、安全的活动场地，幼儿人均使用面积应不低于 2 平方米，户外大型玩具有 1 件以上，以及有适量的中小型活动器材。

园由 2012～2013 学年的 64 所增加到 2017～2018 学年的 312 所，学前一年毛入园率由 2012～2013 学年的 45.30% 提升到 2017～2018 学年的 93.56%，学前三年毛入园率由 2012～2013 学年的 32.00% 提升到 2017～2018 学年的 80.14%，高于全省、全国平均水平（见图 4－2）。在此基础上，阿坝州加大了学前教育人才的培养和引进力度，幼儿园教职工人数由 2012～2013 学年的 729 人增加到 2017～2018 学年的 1396 人，并在近三年开展幼儿教师各类专业培训 1304 人次，基本达到所有村级幼儿教师全员轮训一次，有效提高了村级幼师队伍的专业化水平。特别地，伴随民族地区学前教育事业的持续发展，幼儿教师已成为众多青少年心中的理想职业，为进一步强化民族地区学前教育师资队伍建设提供了源源不断的人才活力。

图 4－2 2012～2013 学年至 2017～2018 学年阿坝州各类
学前教育发展指标

注：相关数据由阿坝州教育局提供。

2. 创新教育扶贫实践内容

实施"一村一幼"计划，是四川省聚焦民族地区学前教育发展短板，抢抓当前政策机遇，实施教育精准扶贫的大胆探索，也是落实党的扶贫开发战略、集中精力打赢民族地区脱贫攻坚战的重要实践。"一村一幼"计划推行的双语教学，确保当地儿童在上小学前便能够掌握基本的汉语听说能力，解决语言障碍导致的辍学问题，进一步巩固"控辍保学"的根基，有利于推动民族地区的义务教育进入"良性循环"，极大地提高了区域人力资本存量，从源头上防范了贫困代际传递现象的发生。此外，"一村一幼"计划始终坚持公益性和普惠性原则，让广大民族地区儿童免费接受学前教育，免费享受营养午餐，不仅有效分担了家庭抚育负担，还有利于解放家庭劳动力，特别是让主要承担子女抚育工作的妇女，能够在儿童入园时获得更多闲暇以投入生产，进而促进家庭收入的增长，为民族地区脱贫奔康奠定坚实的物质基础。

3. 激发基层组织建设活力

"一村一幼"计划充分利用现有闲置资源，以闲置的村级活动场所、村两委办公室为基础，大力开展农村幼儿园的场地改建。依托家长每天接送儿童上下学的契机，农村幼儿园将逐渐成为乡村的人口聚集中心，为过去闲置的村级场地赋予新的活力，开辟了基层组织服务群众的新平台和新路径。农村学前教育作为群众密切关注的民生工程，党员在农村幼儿园建设和经营过程中积极践行"当好人""做好事"的承诺，广泛开展了社会志愿服务的系列活动，让群众充分感受到党员的热心和真心。同时，村干部定期轮流坐班管理，既可以倾听民情、服务群众、解决问题，也可以宣传党的方针政策，教育引导广大群众听党话、感党恩、跟党走，解决服务群众的"最后一公里"问题，有效地促进了村级党组织战斗堡垒作用的发挥。

4. 提高乡风文明建设水平

幼儿教师从日常小事入手，对儿童进行勤洗手、勤洗澡、勤换衣等习惯教育，让民族地区儿童从小养成健康文明的生活习惯，有效阻断了陈规陋习的代际传递。同时，儿童还将在农村幼儿园中接受举止谈吐、待人接物等文明礼仪教育，团结合作、互助分享等团队意识培养，有助于他们树立集体意识，更好地适应社会生活，为民族地区社会经济发展增加和谐因子。特别是通过"小手牵大手，文明齐步走"等活动，儿童将上述积极的学前教育影响带回家庭生活，逐渐改善其他家庭成员的生活习惯和文明意识，对转变民族地区群众的生活方式和思想观念发挥着显著的积极效应，有效地实现了"教育一个学生，带动一个家庭，影响一个社区，文明整个社会"的目标。

第四节 "一村一幼"计划面临的问题

就目前看来，四川省多数民族地区虽然已经进入学前教育供过于求阶段，解决了儿童"有学上"的问题，但农村学前教育服务供给水平较低，仍面临较多的问题。如果不能及时解决这些问题，四川省民族地区的农村学前教育服务就可能陷入低水平供给陷阱，农村学前教育甚至会出现适龄儿童"空心化"现象，需引起高度关注。

1. 教育财政资金投入不足

民族地区各县的本级财政收入能力较弱，更多是依靠上级财政的转移支付以支撑财政收支平衡。如表4-1所示，2017年四川省3个州48个县财政自给率的均值为0.13，表明仅有13%的一般公共财政预算支出能够由县本级一般公共财政预算收入覆盖。其中，28个县财政自给率不足0.1，12个县财政自给率不足0.05。学前教育仅是地方政府提供的众多公共物品之一，它还面临着其他各级教育、基础设施建设、医疗、社会保障、公共安全等公共服务的竞争（袁连生等，2011）。在这种情况下，即使"一村一幼"计划明确由省、市、县三级财政共同承担，但对多数财政自给能力本身较弱的县而言，能够投入"一村一幼"计划的财政资金也是非常有限的，导致部分农村幼儿园的基础设施建设条件难以达到国家标准，并且存在双语幼儿读物和教师教学用书缺乏，各类专用教学玩具配置不齐等问题。

表4-1 2017年四川省3个州48个县财政自给率①情况

名称	财政自给率	名称	财政自给率	名称	财政自给率
马尔康市	0.16	九龙县	0.19	木里县	0.26
汶川县	0.21	雅江县	0.15	盐源县	0.25
理县	0.12	道孚县	0.05	德昌县	0.29
茂县	0.09	炉霍县	0.04	会理县	0.37
松潘县	0.07	甘孜县	0.04	会东县	0.38
九寨沟县	0.08	新龙县	0.04	宁南县	0.26
金川县	0.05	德格县	0.03	普格县	0.11
小金县	0.06	白玉县	0.08	布拖县	0.06
黑水县	0.09	石渠县	0.02	金阳县	0.11

---

① 根据财政部近年来发布的文件，为了有效地将县级财政困难这一概念进行量化，学者引入财政自给能力这一概念对其进行衡量，指的是本级支出筹措收入的能力，采用各县地方公共财政预算收入与公共财政预算支出的比值对其进行度量（贾俊雪等，2011；刘佳等，2011）。该比值越大，财政困难程度越低，表明县级政府能够自己负责筹措满足本级公共支出需求的财政资金。

名称	财政自给率	名称	财政自给率	名称	财政自给率
壤塘县	0.02	色达县	0.04	昭觉县	0.05
阿坝县	0.02	理塘县	0.05	喜德县	0.07
若尔盖县	0.04	巴塘县	0.07	冕宁县	0.31
红原县	0.04	乡城县	0.05	越西县	0.07
康定市	0.17	稻城县	0.10	甘洛县	0.10
泸定县	0.11	得荣县	0.04	美姑县	0.04
丹巴县	0.08	西昌市	0.62	雷波县	0.26

注：相关数据整理自 2018 年的《四川省统计年鉴》。

此外，部分县在推进农村学前教育事业发展的过程中，表现出显著的"重硬件轻软件"倾向。例如，2015 年 9 月凉山州正式启动"一村一幼"计划。2016 年，凉山州投入了 25058.74 万元用于全州幼教点的开办工作，包括教学场地的新建改建、设施设备购置等，短期内便提高了农村学前教育普及度。然而，农村学前教育事业并不是通过改善硬件条件就能推进的，农村幼儿园在正式开园运营后，还面临着教职工工资、营养午餐费用、教学玩具购置费用、场地维修费用等需要长期投入的开支，因而不仅需要短期的开办资金支出，更需要长期的运营资金支出。特别是对提升农村学前教育服务质量而言，长期的运营费用投入显得尤为重要。部分县在短期内投入大量的开办资金，完成各类学前教育发展指标后，便不再注重后期的运营资金保障，生均学前教育财政资金投入回归初始水平，仅保证了农村幼儿园的正常运营，忽略了对教师专业素质、教玩具配套等软实力的提升。

2. 村幼建设布局规划不合理

在农村学前教育财政资金投入不足的现实条件约束下，部分县在推进"一村一幼"计划的过程中，仍采取"撒胡椒面"的方式发展农村学前教育。特别是在农村幼儿园的布局上，这一问题表现得尤为突出。如前文所述，"一村一幼"计划并非字面理解上的一个行政村建一个幼儿园，而有"一村一幼""一村多幼""多村一幼"等多种实施形式。但在实际建设过程中，部分县仍然以"一村一幼"作为实施建设的主要形式，只要某个行政村内具有学前教育需求的家庭达到3户及以上，便可通过村委会申请开办农村幼儿园。在申请审核过程中，开办农村幼儿园的主要依据在于具有学前教育需求的家庭满足数量要求，或者在此基础上进一步审核未来几年可能存在学前教育需求的家庭数量，而对农村幼儿园的整体布局缺乏论证和规划，导致农村幼儿园数量和在园幼儿数量剧增的同时，园均在园幼儿数量持续保持在较低水平。本研究收集的数据显示，截至2017年，仍有过半的县农村幼儿园的园均在园幼儿数量不足30人。以阿坝州M县为例，自2013年实施"一村一幼"计划以来，农村幼儿园数量快速增加，在短短2年内便实现了"广覆盖"。2014年底，M县的农村幼儿园数量为29所，学前一年毛入园率和学前三年毛入园率分别达到87.3%和78%，而农村幼儿园的园均幼儿数量仅有9.41人。经过多年的发展，M县的农村幼儿园数量和园均在园幼儿数量均未发生较大变化（见图4-3）。不可否认，推进农村幼儿园的新建改建工作能够快速实现农村学前教育的普及工作，但是园均在园幼儿数量持续保持在10人，极大地提高了办园成本，造成了学前教育财政资金的浪费。

3. 村幼办学主体结构失衡

探索农村学前教育市场化道路，引导其他市场主体"下乡办园"，是当前解决财政资金投入不足问题的重要实践思路。但就

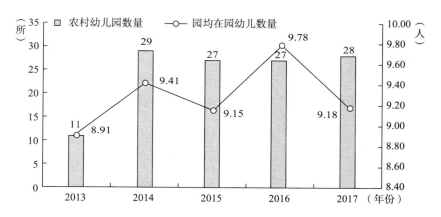

图 4 - 3 2013～2017 年阿坝州 M 县的农村幼儿园数量和园均在园幼儿数量

注：相关数据由阿坝州 M 县教育局提供。

目前看来，民办幼儿园的发展情况并不理想。从笔者收集到的四川省民族地区 32 个县的数据中可以发现，截至 2017 年，有 9 个县没有民办幼儿园，学前教育事业的发展仅依靠公办幼儿园支撑。在其他 23 个县中，民办幼儿园的整体发展水平也并不理想，仅有 7 个县的民办幼儿园在园幼儿数量超过全县在园幼儿总数的 30%，并且多数民办幼儿园在县城选址，对农村学前教育事业发展的推动作用并不显著。对多数县而言，民办幼儿园的发展表现为两种情况：一是"一村一幼"计划之前便有民办幼儿园，但经过多年的发展并没有取得显著进步，陷入了发展停滞状态；二是近年来才陆续有民办幼儿园建立，但发展速度较慢，整体建设仍处于探索阶段。需指出的是，部分县甚至出现了民办幼儿园发展退步的情况，无论是民办园数量还是在园幼儿数量都出现下降趋势。例如，凉山州 N 县在 2011 年便有 24 所民办幼儿园，并且保持着较好的发展趋势，2013 年民办幼儿园数量达 38 家，在园幼儿数量占全县总数的 40.2%。但伴随"一村一幼"计划的快速推进，N县民办幼儿园不但没有得到发展，反而受到了较大的发展冲击。截至2017年底，N县民办幼儿园数量仅剩19所，在园幼儿数量仅占全县总数的19.5%（见图4-4）。

图4-4 2011～2017年凉山州N县民办幼儿园数量和在园幼儿数量占比情况

注：相关数据由凉山州N县教育局提供。

究其原因，主要表现为政府对民办幼儿园扶持力度不足。具体而言，各地虽然通过"以奖代补"的形式，确保民办幼儿园能够在经费减免、政策扶持上享有与公办幼儿园同等的优惠。然而，即便享有与公办幼儿园相等的优惠，也难以支撑民办幼儿园的高质量发展。以R县为例，R县对民办幼儿园的优惠政策主要体现在以下三项。一是学生奖励。民办幼儿园可按照300元/（生·学期）的标准，就在园农村户籍儿童人数申请教学奖励。二是发展奖励。民办幼儿园可就补充保教和生活设施设备、校舍维修改造等事项，就实际投入资金申请财政奖励。三是师资扶持。民办幼儿园在教师职称评定、评先评优、培训提升等方面与公办幼儿园享受同等待遇。就学生奖励而言，由于生均奖励费用较低，每人平摊到每天还不足3元，难以支撑民办幼儿园的收入增长。就发展奖励而言，R 县本级财政对支持公办幼儿园已显"吃力"，鼓励发展民办幼儿园的目的便是拓宽资金投入渠道，因而很难将发展奖励落到实处。就师资扶持而言，虽然有利于民办幼儿园吸引优质幼儿教师，提高在职教师能力，但并不会对办园收入增长产生直接影响。更重要的是，民办幼儿园的收费标准不仅要受到当地收入水平的影响，还要被各地政府强制约束。总的来说，不论是自主营收还是政策扶持，民办幼儿园能够获取的收入都非常有限。大多数民办幼儿园仅能勉强维持收支平衡，教育质量难以得到提高，与公办幼儿园相比无异。部分甚至陷入"入不敷出"的经营困境，被迫关停的民办幼儿园比比皆是。因此，民办幼儿园目前对促进农村学前教育事业发展所做的贡献相对有限。

4. 幼儿师资队伍建设不强

长期以来幼儿教师供给不足是制约农村学前教育发展的重要因素（徐群，2015）。特别是对民族地区而言，不仅要求幼儿教师具备一定的保育教育能力，还要具备双语教学能力，因而保障幼儿教师供给的难度更大。在"一村一幼"计划的初期，农村幼儿园数量和在园幼儿数量快速增长，对幼儿教师的需求数量在短期内急剧上升，而为各地配置的保教人员编制标准并没有随着农村幼儿园数量的增加而同步提高，导致各地不仅要应对双语幼儿教师供不应求的问题，还要解决教师编制指标的难题。以阿坝州为例，按照教育部（教师〔2013〕1 号）文件关于保教人员的配备标准，阿坝州应配备编制 3975 名，而实际核定编制只有 1289 名，缺编数量高达 2686 名。其中，4 个牧区县只有县城幼儿园有机构编制，农村幼儿园没有机构编制。为解决上述问题，地方政府不得不适度降低要求以扩大招聘人员范围，并通过转岗小学老师、政府购买服务等方式对农村幼儿园教师队伍进行快速补充。2017年，阿坝州农村幼儿园临聘辅导员高达2372人，部分受聘人员因为没有双语教学能力，或者未接受过专业的幼教知识，在接受短暂的培训后便匆匆上岗，无法按相关要求从事保教活动，只能勉强承担幼儿在园期间的看护工作。

此外，即使农村幼儿园招聘到了合适的幼儿教师，也很难将其长期留住。就有编制的正式教师而言，由于农村幼儿园的教学条件不理想，加之其所在位置离县城较远，即使所给待遇条件相同甚至更优，有能力的幼儿教师也会首先考虑县城幼儿园和乡镇幼儿园，最后才考虑农村幼儿园。同时，部分地区出现了优秀师资由农村幼儿园向乡镇幼儿园和县城幼儿园单向流动的现象。就没有编制的临聘教师而言，他们与正式教师存在同工不同酬的问题。目前，临聘教师的劳务报酬补助标准为2000元/（人·月），根据不同地区的补贴政策，条件好的地区会相应提高补助标准，或是为他们购买"五险一金"。然而，正式教师的工资通常为临聘教师的2~3倍，极大地打击了临聘教师的工作积极性。根据调研结果，部分临聘教师认为在农村幼儿园担任保育员仅是临时的过渡工作。他们需要通过这份工作获取收入以满足日常生活开支，在不断积累工作经验的同时等待更好的工作机会。正如W县一名临聘教师所述，一旦考上了其他地方有编制的教师工作，或者是有民办幼儿园给她提供更好的工作待遇，她会义无反顾地离开她所在的农村幼儿园。

5. 村幼保育教育质量不高

由于财政资金投入有限，多数县仅能勉强支撑完成农村学前教育"保基本、广覆盖"目标，农村幼儿园的教育质量难以得到显著提升。鉴于目前农村学前教育教师队伍建设不到位的现状，虽然对这些教师进行了培训，但多数教师教育理念落后，教学经验欠缺，无法出色完成幼儿园教育教学工作，制约民族地区村级幼儿园保教质量提升。比如，阿坝州 H 县农村幼儿园均由乡镇中心小学统一管理，园长由小学校长、转岗教师、临时人员等兼任。由于长期存在的初中升学压力和教学定式思维，很多教师把幼儿园办成了小学，"小学化" 倾向较为严重，个别管理者甚至抱着 "不发生安全事故就行" 的思想，教育质量难以提升。同时，各地普遍面临缺乏适用教材的问题，特别是缺乏适用于双语教学的幼儿教材，加之缺乏课堂教学规范的指导和监督，部分农村幼儿园的课堂教学内容安排缺乏科学性和合理性，导致大量儿童在接受学前教育后，难以达到预期的成长水平。部分农村幼儿园甚至沦为托儿所，仅实现为儿童提供安全托管场地的职能。

阿坝州 R 县 MQ 幼儿园于 2015 年正式开园运营，配有幼儿教师、保育员、厨师各 1 名，在园儿童数量始终保持在 30～40 人。该园教职工的工作热情度较高，与家长能够保持较好的沟通交流，受到了家长的较高评价，因而部分其他村的家长也会选择将子女送到这个 MQ 幼儿园来读书。然而，即使是受到家长高度评价的 MQ 幼儿园，在教育质量上仍表现得不够理想。从收集到的幼儿园一日生活安排表（见表 4－2）和驻园跟踪调查情况中笔者发现，该园教职工虽然在工作中充满了热情和耐心，但对儿童的成长培养缺乏规范性和科学性。具体而言，MQ 幼儿园对儿童每日的生活安排较为固定，儿童在园的八个半小时中，有三个多小时被安排为室内外活动，而真正用于课堂教学活动的时间仅为一个小时。在室内外活动过程中，近一半的时间是教师带着所有儿童一起玩。由于缺乏专业内容指导，教师发挥自身兴趣爱好，经常从 "抖音" App 上收集各种活动来教儿童。虽然这种方式有效地丰富了儿童的室内外活动内容，但活动内容安排的系统性和科学性有待进一步论证。在课堂教学活动过程中，在园幼儿被分为大班和小班，幼儿教师和保育员分别负责给不同班级的儿童上课。MQ 幼儿园是由村委会活动室改建而成，加之在园幼儿数量不多，仅设置了一个教学活动室，所有在园幼儿不得不挤在一个教室里上课，导致两个班的儿童都很难集中精力听课。同时，由于缺乏规范的幼儿教材，课堂教学内容也未作明确安排，教师不但没有根据儿童年龄阶段进行课程设置，甚至出现教学内容混乱的现象。笔者在跟班调查中发现教师在课堂教学的前半段讲唐诗，而后半段教儿歌，实际的教学活动质量并不理想。

表 4 – 2　R 县 MQ 幼儿园一日生活安排表

时间	内容安排
9：30 ~ 10：00	入园、晨检、晨间活动
10：00 ~ 10：30	教学活动
10：30 ~ 10：50	喝水、如厕
10：50 ~ 11：30	户外活动
11：30 ~ 12：00	洗手、餐前活动（室内）
12：00 ~ 12：40	午餐
12：40 ~ 13：10	餐后活动（室外）
13：10 ~ 14：30	午睡
14：30 ~ 14：50	起床、喝水、如厕
14：50 ~ 15：20	午点、餐后活动（室外）
15：20 ~ 15：50	教学活动
15：50 ~ 16：10	喝水、如厕
16：10 ~ 16：40	户外活动
16：40 ~ 17：00	离园

注：根据实地调研过程中收集的材料整理而成。

6. 儿童外出就学现象初现

就目前而言，四川省民族地区的各类学前教育发展指标已领先于全国、全省平均水平，基本完成了农村学前教育的普及工作。同时，农村居民的收入水平较低，对农村学前教育质量的需求水平较低。在调研过程中，笔者发现大量家长对农村学前教育的要求仅停留在"有学上"阶段，只要能够保证儿童在园安全，提供免费营养午餐，便会对农村幼儿园感到非常满意。但需指出的是，多数农村幼儿园的教育质量仍然较差，远远落后于县城幼儿园，城乡学前教育发展失衡现象较为严重。若农村幼儿园的教育质量得不到显著提高，伴随农村居民收入的快速增长，家长对学前教育服务的需求水平也将持续提高，那么农村学前教育服务的供不应求阶段很快会到来。长此以往，家长将逐渐失去对农村幼儿园的信心和耐心，不惜成本将子女送到县城幼儿园就读，最终出现农村学前教育的适龄儿童"空心化"现象。

需警惕的是，上述农村学前教育适龄儿童"空心化"现象，已在部分社会经济发展水平较好的农村出现。根据笔者对家长择校意愿的调查结果[1]，有70.4%的家长在经济条件允许的情况下，会选择将子女送出农村，到其他幼儿园接受学前教育。这表明，农村家长将子女送出去接受学前教育的意愿非常强烈。虽然现阶段仍然有大量的家长选择将子女留在农村幼儿园接受学前教育，但并不意味着他们相信农村幼儿园的教育质量，这只是在家庭经济条件受限的情况下，择校意愿难以转化为实际行动，不得已而做出的入学选择。不难预判，伴随农村居民收入水平的持续提

---

[1] 相关数据来源的具体说明如本书第六章第三节《家长主观评价视角下"一村一幼"计划的绩效评价》中所述，笔者在此不再赘述。

升，可能会有越来越多的家长将择校意愿转变为择校行为，把子女送出农村接受学前教育。因此，农村幼儿园面临的没有适龄儿童入学的问题不但不会得到缓解，反而会越来越严重。

张果（化名）是 L 县 SX 村的普通村民，全家靠种植果树获取收入，家庭经济条件较好，年收入稳定在 10 万元以上。张果有一个儿子，三岁起便在 SX 村幼儿园接受学前教育。由于该村户籍人口较少，SX 村幼儿园在创办之初，只有 9 名适龄儿童入学，因而 L 县教育局仅安排了一名幼儿教师和一名保育员，相应的教学设施配置也较为简单。为了方便开展教学，教师仅按照年龄大小将学生分为了大班和小班，并且经常将两个班的学生放在一起上课，所能提供的教育质量相对较低。张果起初并未察觉到教育质量差异，但在一次家庭聚会中，他发现儿子与在县城接受学前教育的侄子相比，在举止谈吐上存在显著的差距。此后，张果便开始有意关注学前教育方面的信息。随着周围亲朋好友将各自子女送出去读书的情况越来越多，张果终于下定决心，将儿子送到 L 县县城接受学前教育。他在 L 县县城里租了一套两居室，在非农忙时期，由妻子住在县城陪儿子读书，自己负责在家管理果树，经常往返于县城与农村之间；在农忙时期，由家中老人在县城陪儿子读书，自己一般 10 天左右到县城去看望儿子。当然，县城里的公办幼儿园并非想读就能读。进城读书的儿童数量迅速增加，造成县城里的公办幼儿园早已达到容纳上限，每年都需通过摇号的形式获取就读资格。对像张果儿子这样的插班生而言，要入读公办幼儿园更是难上加难。因此，张果只能选择将儿子送到收费更高的县城民办幼儿园。在张果看来，只要他能负担得起，为了儿子能够上县城幼儿园获得更好的教育资源，即使付出了更多的人力和物力，也是值得的。

进一步地，以 L 县为例，该县社会经济发展水平和学前教育发展基础相对较好，早在 2012 年便开始支持农村幼儿园的发展，是阿坝州前期探索"一村一幼"计划的主要试点县。截至 2013 年底，学前一年毛入学率和学前三年毛入学便分别达到 99.54% 和 97.13%，基本实现了学前教育服务的全域覆盖。然而，在过去的几年中，L 县的农村幼儿园数量非但没有显著增加，反而持续缩减，从 2012 年的 41 所降至 2017 年的 19 所（见图 4 - 5）。按照 30 万元/所的改建费用标准计算，关停的农村幼儿园已造成了 660 万元的资本投入闲置。造成该现象的原因除了部分农村儿童年龄断层的客观影响外，更主要是越来越多的家长选择让子女进城接受学前教育。具体而言，伴随农村居民收入的持续增长，相应的学前教育质量要求也在稳步提升，而在此期间，农村幼儿园的教育质量并未跟上家长的需求水平。为获取更好的教育资源，大量经济条件较好的家庭会选择送子女到县城里接受学前教育。刚建成投用的农村幼儿园很快便会面临没有适龄儿童入学的问题，一旦在园学生人数低于 3 名，政府便不得不做出临时关停的决定。

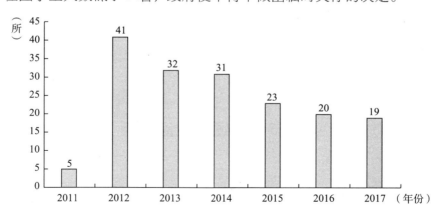

图 4 - 5 2011 ~ 2017 年阿坝州 L 县农村幼儿园数量

注：相关数据由阿坝州 L 县教育局提供。

在笔者看来，"一村一幼"计划作为发展农村学前教育事业的创新举措，既然已经在农村学前教育的普及工作方面取得了显著的成绩，就应该着力优化政策内容，努力延续好的发展势头，持续提高农村学前教育的供给水平，防止类似 L 县的问题逐渐扩散到其他民族地区，为振兴农村教育做出持续贡献。然而，在财政资金投入相对受限的情况下，"一村一幼"计划很难通过持续加大投入来改善农村幼儿园的教育质量，只能在现有投入的基础上，通过出台更加具有针对性的政策优化措施，有效补齐农村学前教育发展的短板，在短期内缩短城乡学前教育差距，更好地满足家长的需求，防止农村学前教育服务陷入低水平供给陷阱和农村学前教育出现适龄儿童"空心化"现象。为破解农村学前教育发展难题，满足农村家庭对子女接受有质量的学前教育需求，亟须通过供给侧结构性改革，优化农村学前教育服务供给结构，提高农村学前教育的供给质量和供给效率（贺红芳和刘天子，2018）。那么，该如何对"一村一幼"计划出台有针对性的政策优化措施呢？根据第三章中关于民族地区农村学前教育服务供给的优化措施的论述，为实现教育服务的效率供给、有效供给和精准供给，可按照"以评促优"的优化思路，对"一村一幼"计划的绩效进行评估，并根据评估结果对政策内容不断进行完善。

第五节　问题的成因分析

根据实地调查结果，与非民族地区相似，教育经费投入不足、师资队伍建设不强、"小学化"倾向严重等农村学前教育发展问题在民族地区同样显著。对上述共性问题，已有大量学者展开了相关的论述（赖昀等，2015；裘指挥等，2016），本书不再赘述。在笔者看来，县级政府的错误办园倾向在"一村一幼"计划推进过程中更具个性特征，所造成的负面影响也更加严重。具体而言，县级政府作为"一村一幼"计划的政策执行主体，负责统筹配置辖区内的学前教育资源，是确保农村学前教育方向正确的关键。但在实践过程中，部分县在短期内投入大量的办园资金，完成对农村幼儿园的新建、改建后，便不再注重后期的运营资金保障和保教质量提升，表现出显著的"重硬件轻软件"办园倾向。产生上述政府行为偏差的原因，除了有决策者的"近视效应"、执行者的资源缺乏、利益集团的分利竞争、政策受体的干扰阻碍等外（廖莉和谢少华，2015），还有"一村一幼"计划在政策制定层面所产生的干扰。"硬考核"导向出现偏误，导致地方政府对"软激励"措施做出错误的响应。此外，"撒胡椒面"发展方式、制度调整未能同步、家长需求被忽视等问题的存在，也为农村学前教育事业由"拓面"到"提质"的转型发展埋下了隐患。具体表现为以下几个方面。

第一，硬性考核目标导向偏误。确保适龄儿童"有学上"仅是推进农村学前教育事业发展的基础工作，而如何有效发挥村幼的保教职能，让农村幼儿在进入小学前就做好充分的入学准备才是根本目的。然而，无论是在中央层面还是地方层面，从各自的教育统计公报来看，大多数指标均用于衡量学前教育普及度。各级政府就村幼保教质量标准出台了相应的指导文件，但现有质量标准多以定性方式进行描述，未能有效转化为定量考核指标，且缺乏相应的奖惩措施。除安全事故这一"红线"外，各级政府对村幼保教质量的考核基本形同虚设，难以发挥其真正的导向作用。对各县而言，提高农村学前教育普及度是显性考核目标，有利于彰显工作政绩，而提升村幼保教质量仅能算作额外任务。因此，在以教育普及率为核心的考核目标单维化导向下，部分县出现了"重普及、轻保教"的错误倾向，导致亮丽的"答卷"背后，存在基本教玩具配置不齐、适用教材缺乏、运营监管不足等多种问题，村幼保教质量难以得到保障，部分农村幼儿园甚至沦为托儿所，仅实现为家长提供安全托管场地的职能。

第二，激励措施被错误响应。由于"硬考核"导向出现偏误，县级政府在主导农村学前教育事业发展时出现"重普及、轻保教"的错误行为倾向，不仅影响了自身的行为决策逻辑，还造成各项"软激励"措施被错误使用。以中央财政奖补资金为例，受益于中央财政对民族地区学前教育事业发展的政策倾斜，四川省民族地区各县通常能够获得更多的学前教育事业发展资金支持。在农村学前教育普及硬性考核的强制约束条件下，奖补资金不仅被错误使用，在一定程度上还助推了县级政府的错误倾向。一方面，新建、改扩建公办幼儿园是普及农村学前教育的基础，不论上级财政是否支持，县级政府都要完成考核任务。县级政府通过争取奖补资金，能够在确保考核任务顺利完成的基础上，投入更少的本级财政资金，变相地增加了本级财政收入。另一方面，省级财政补贴了在园幼儿的保教费、午餐费以及辅导员的劳务报酬，基本解决了各县在村幼运营资金投入上的"后顾之忧"。如此一来，奖补资金成为县级政府完成考核目标的重要工具，而省级财政补贴无疑为这种工具的错误使用扫清了障碍。这导致部分县产生农村学前教育事业发展只是"一次性投入"的错误观点，不但不会选择放弃申报，可能还会出现脱离当地实际需求，盲目增加农村幼儿园数量的行为，阻碍在园幼儿规模效应的发挥和财政资金投入效率的提升，甚至在园舍建设过程中诱发寻租行为。

第三，"撒胡椒面"发展方式盛行。中共中央、国务院印发的《关于学前教育深化改革规范发展的若干意见》明确提出，在农村地区要充分考虑人口变化和城镇化发展趋势，按照"大村独立建园或设分园，小村联合办园"进行科学规划布局。然而，对农村人口分布较为分散的民族地区而言，多数县在推进"一村一幼"计划时普遍面临任务重、时间紧的难题。同时，由于"一村一幼"计划被视为政治任务，加之相应的考核目标可量化，各县之间难免会进行横向比较，引起"指标竞赛"。在实践中，部分县开办村幼的主要依据是当期具有学前教育需求意愿的家庭数量，而对未来教育需求变化趋势缺少判断，对村幼的整体布局缺乏论证和规划，导致村幼数量和在园幼儿数量齐增的同时，园均在园幼儿数量始终保持在较低水平，部分刚建成的村幼园所甚至出现闲置现象，极大地增加了办园成本。以阿坝州 M 县为例，自开展"一村一幼"计划以来，村幼园均在园幼儿数量始终保持在 9 人左右。特别是上级政府出台的部分"软激励"措施，例如按园补贴 2 名辅导员工资等，分摊了"撒胡椒面"方式所带来的高额成本，造成了严重的教育资源浪费。

第四，管理制度未能同步调整。"一村一幼"计划虽然促使农村学前教育事业实现了快速发展，但也同时增加了教育部门的管理负担，并且与现有管理制度表现出不兼容性，给管理者带来了新的困扰。以教师编制制度为例，随着村级幼儿园和在园幼儿数量的快速增长，相应的幼儿教师编制数量却未得到同步提高。例如，按照教育部文件（教师〔2013〕1 号）关于保教人员的配备标准，阿坝州应配备编制 3975 名，而实际核定编制只有 1289名，缺编数量高达 2686 名。为解决上述问题，各地只能通过政府购买服务方式聘用幼儿辅导员补充教师需求缺口。2017年，阿坝州幼儿辅导员高达2372人，而在编幼儿教师数仅为1103人。此外，编制差异带来的同工不同酬问题较为严重。除省财政补贴的劳务报酬外，不同的县还制定了相应的补贴办法，但辅导员工资仍难达到当地的平均工资水平。与在编幼儿教师相比，辅导员工资通常与其相差2～3倍。在实地访谈中，大多数辅导员表现出强烈的离岗意愿。还有部分辅导员是抱着未来会转为在编教师的希望，才坚持留在村幼工作，在长期同工不同酬问题的困扰下，一旦转岗希望破灭，可能会成为基层群体事件的导火索。

第五，教育供给忽略家长需求。政府主导学前教育事业发展，并不意味着完全按照政府意愿开展工作。"办人民满意的教育"是推动教育发展改革的根本动力与主要目标（吴佳莉等，2018）。学前教育作为农村公共服务供给的重要内容，不仅要从供给侧着手实现有效供给，还要从需求侧着手满足农村居民对学前教育的多样化需求。我国发展农村学前教育事业面临的主要矛盾是人民对学前教育多样化需求与有效供给之间的矛盾，而坚持"人民满意"正是破解这一难题，实现学前教育按需有效供给的关键（秦金亮，2017）。然而，县级政府在主导推进农村学前教育事业发展的过程中，通常只会关注显性指标的提升，尤其是考核目标中涉及的硬性指标，而忽略了对家长需求的回应。根据问卷调查结果，家长对农村学前教育的主观评价并不理想。有70.4%的农村幼儿家长表示在经济条件允许的情况下，会选择将子女送出农村接受学前教育。伴随农村居民收入的持续增长，家长对优质教育的需求水平将同步提高。如果村幼教育供给长期难以满足家长需求，越来越多的家长将可能选择把择校意愿转化为实际行动。农村适龄学生的大量流失，一方面，使县城幼儿园不得不面临超负荷运转的局面，加剧"城市挤""乡村弱"问题，成为引发社会矛盾的潜在风险；另一方面，使农村幼儿园面临教学设施设备的大规模闲置，资金投入的边际回报进一步降低，进而陷入"低质量－差生源"的恶性循环，导致农村学前教育出现适龄儿童"空心化"现象。

第五章
"一村一幼"计划的绩效评估框架构建

第一节　教育政策评估的内涵及理论演进

自 1951 年哈罗德·拉斯韦尔（Harold Lasswell）首次提出"政策科学"概念，正式开启政策研究先河以来，各种政策评估理论被相继提出。教育政策评估作为公共政策评估的分支领域，在教育政策制定中的作用已逐渐受到广泛认可。以美国为代表的西方发达国家，为确保教育财政投入的产出效果，政策制定者正在实验大量与教育有关的政策，例如学校选择、大学储蓄和奖学金计划、教师绩效工资等，并以此作为优化政策制定的重要证据（杨钋，2010）。上述政策实验为学术研究提供了许多支持，吸引不同领域的经济学家进行了大量开创性的研究工作（例如，Boyd et al.，2006；Sanbonmatsu et al.，2006）。

在完整的教育政策过程中，政策评估是其中一个重要的组成部分。范国睿（2011）把政策过程描述为"由制定、执行、评价、调整等活动组成的多层次的顺序相接直至终结，并导向新政策活动的连续的复杂的过程"。如图 5 - 1 所示，一项教育政策根据实际教育发展需要被制定且执行，并不意味着教育政策过程的结束。正如袁振国（2000）所述："政策颁布以后不再需要调整、修订、更新是少有的、偶然的；政策颁布之后，需要不断进行必要的修订、补充、完善，更新是经常的、是正常的。"政策决策者在政策制定过程中面临不完全信息问题，并且在政策执行过程还面临外部环境的动态变化，因而教育政策制定后仍需进行不断地优化调整，以更好地满足当时的教育发展需求。具体而言，在政策执行过程中，会产生大量的信息反馈。如何有效地从冗杂的信息中提取有价值的信息，支撑教育政策进行优化调整，便需要依靠科学的政策评估。对教育政策开展评估工作，可以实时掌握政策执行过程中取得的绩效以及面临的问题。若符合政策的预期目标，政策可继续执行；若不符合政策的预期目标，则需针对评估结果中存在的问题进行综合评判，对能优化的政策进行再优化，对不能优化的政策则予以及时终止，以此确保有限的政策资源得到合理利用。

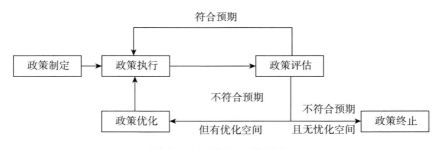

图 5 - 1　教育政策流程

然而，在教育政策评估漫长的理论演进过程中，学术争论从未停止过。杜文静和葛新斌（2017）借鉴了埃贡·古贝和伊冯娜·林肯在《第四代评估》中对评估理论的四代划分，将教育政策评估理论的演进划分为四个阶段（见表 5 - 1）。第一阶段是工具导向下的测量评估，认为教育政策是无关价值的客观存在，可如同工业产品一样被测量，将评估直接等同于测量；第二阶段是目标导向下的描述评估，按照预定的目标规范，将测量纳入政策评估的从属范畴，着重描述功能的发挥；第三阶段是决策导向下的判断评估，聚焦于判断教育政策能否有效解决教育问题，进而反映特定社会经济背景下的教育需求，社会公平性的价值诉求呼之欲出；第四阶段是价值导向下的建构评估，以多元价值观为基础，通过与利益相关者①的反复论证、批判及分析过程，建构出对问题的共识而完成政策评估。由此可见，教育政策评估研究的发展趋势，除了日益强调评估理论的基础地位外，还表现为逐渐由单纯的技术工具取向转为系统性综合评估取向。

表 5 - 1　教育政策评估基础理论演进的四个阶段

阶段划分	评估导向	评估范式	基本特征
第一阶段	工具导向	测量评估	强调政策是无涉价值的客观存在，将教育政策评估等同于实验数据的测量
第二阶段	目标导向	描述评估	强调评估者身临其境的重要性，将教育政策评估等同于实地实验的描述
第三阶段	决策导向	判断评估	评估聚焦于判断教育政策能否有效解决教育问题，进而反映特定社会经济背景下的教育需求
第四阶段	价值导向	建构评估	重视回应政策利益相关者的观点表达，在互动与协商中完成评估

注：相关资料由笔者根据杜文静和葛新斌（2017）的论文整理绘制而成。

---

① 根据杜文静和葛新斌（2017）的概念界定，"教育政策利益相关者是指以不同方式与教育政策发生各种联系的，会因教育政策获得或失去资源与利益的个体或团体"。

当然,国内学者也是这场论战的积极参与者。例如,李孔珍和洪成文(2006)指出,教育政策需要从教育政策过程的每个阶段重视教育公平的价值追求。特别是在教育政策评估阶段,涉及"如何将事实和价值整合在一起成为更加系统化的分析模式的问题",将显著影响教育公平的价值追求的实现。石火学(2010)提出,教育政策评估重视事实标准,忽视价值标准正是导致教育政策重效率而轻公平的重要原因之一。他认为,教育政策评估应该把价值标准作为首要标准,进而促进社会价值与个体价值、工具理性与价值理性、功利主义与价值要求的统一实现。邓峰(2013)提出,建立科学的教育质量监测体系是实现教育公平与卓越的必然选择,是教育转向内涵发展的重要标志。在此基础上,应进一步提高教育评估的科学性和规范性,为教育政策制定提供更多的证据支撑。就目前看来,国内研究已迈入教育政策评估理论的第四阶段,并且对将教育公平纳入政策评估标准已达成基本共识,如何有效整合效率与公平也已成为研究的重点方向。

第二节 "一村一幼"计划的绩效评估标准

对一项教育政策的绩效进行判断,必须依托于教育政策的评估标准。教育政策评估标准是对教育政策及其属性的规定,是进行教育政策评估时应坚持和遵循的价值尺度和界限,是用来判定教育政策绩效优劣程度的一系列标准(范国睿,2011)。从理论角度来看,教育政策评估应该是事实标准和价值标准的统一。其中,事实标准是对教育政策的科学性进行判断,而价值标准是对教育政策的合理性进行判断(石火学,2010)。

就"一村一幼"计划而言，政策出台的初衷就在于确保全省民族地区每个适龄儿童都能够享有接受学前教育的权利，并且已基本实现了农村学前教育的普及工作，极大地凸显了"一村一幼"计划的公平性。民族地区农村学前教育服务的准公共产品性质，具有较强的经济效应、社会效应和政治效应。因此，"一村一幼"计划基本符合教育政策的价值标准判断。就目前而言，"一村一幼"计划面临的主要问题并不在于公平性不足，而在于对农村学前教育服务质量的提升不够。因此，在"一村一幼"计划的评估标准选择上，本研究更倾向于对事实标准进行着重探讨，强调对政策实施的现实绩效进行评估，并且不再对价值标准做过多探讨。

具体而言，本研究将以张雷（2014）提出的教育政策评估标准体系为参考，结合"一村一幼"计划的优化需求，选择效率标准、效益标准、效果标准，构建"一村一幼"计划的评估标准体系（见表5-2）。其中，效率标准是在"一村一幼"计划的资源供给有限的前提下，通常表现为政策投入与政策产出之间的比例关系；效益标准关注的是"一村一幼"计划执行后，利益相关者对农村学前教育服务供给的主观评价；效果标准是"一村一幼"计划的执行结果与预期目标之间的对比，其好坏不取决于评估者的主观评判，而是基于"一村一幼"计划目标本身的设置。简言之，效率标准可看作经济标准，而效益标准则是社会标准，效果标准可看作作业标准（胡宁生，2007）。可以看出，效果标准、效率标准、效益标准有效地对应了民族地区农村学前教育服务的效率供给、有效供给和精准供给，与上文关于服务供给优化措施方向一致，能够有效契合"以评促优"的评估需求。

表 5 – 2　"一村一幼"计划的评估标准体系

标准类型	标准说明
效率标准	"一村一幼"计划是否能在投入不变的情况下，增加相应的政策收益
效益标准	利益相关者对"一村一幼"计划执行结果的主观评价
效果标准	"一村一幼"计划的执行结果是否达到政策文件的预期目标设定

第三节　"一村一幼"计划的绩效评估维度

选择合适的评估维度作为实施教育政策实证评估的核心和难点，对于准确认识教育政策绩效具有重要的意义。笔者在充分借鉴国内外现有学前教育政策的绩效评估维度选择的基础上，结合"一村一幼"计划的实际情况，选择了教育财政效率、家长主观评价和儿童入学准备绩效三个评估维度，分别对应上文绩效评估标准中的效率标准、效益标准、效果标准，以此为实现民族地区农村学前教育服务的效率供给、有效供给和精准供给提供绩效评估支撑。

1. 教育财政效率维度

在我国农村地区，教育经费投入不足与使用效率低下的问题并存，因而在强调增加教育财政资金投入的同时，改善教育财政效率显得至关重要（曾满超和丁小浩，2010）。教育财政效率是指，在满足教育财政支出预期目标的基础上，教育财政支出的有效利用程度，可根据教育财政支出的不同环节，分解为教育财政配置效率、教育财政运行效率、教育财政技术效率三个方面。其中，教育财政配置效率是指教育财政资金配置在公共教育领域中所形成的效率；教育财政运行效率是指教育财政资金在各级政府间拨付过程中的效率；教育财政技术效率是指教育财政资金在具体的使用过程中所形成的真实效用（栗玉香，2010）。通常来说，教育财政效率的评估对象以各级党委、政府部门或中小学校为主，而实施教育财政评估的目的主要有两个方面：一是为政府提供分析报告，以便政府掌握教育财政资金的具体使用情况，为进一步优化政策提供现实依据；二是对不同学校的资源利用效率进行横向比较，找出进一步提升资源利用效率的具体措施（丁建福和成刚，2010）。

就目前看来，我国已有大量学者选择将教育财政效率作为学前教育服务供给的绩效评估维度，并且形成的研究成果具有较强的借鉴意义。例如，王水娟和柏檀（2012b）根据 Pastor 法确定投入产出指标，利用数据包络分析法，对江苏省 51 个县的学前教育财政投入效率进行了测算，研究发现无论是从效率均值得分还是有效样本县占比来看，学前教育财政投入效率整体都很低。庄爱玲和黄洪（2015）采用功效系数法，对 2010～2012 年我国学前教育财政投入效率进行了评价，研究发现 2010 年以来我国学前教育财政投入效率正在稳步提高，并且总体效率于 2012 年达到良好水平，但城乡之间学前教育财政投入绩效存在显著的差异。郭燕芬和柏维春（2017）基于 2003～2013 年我国 31 个省份的面板数据，对我国学前教育经费投入‒产出效率进行实证分析，研究发现综合效率得分就整体而言并不高，并且东部地区的效率低于中西部地区。其中，纯技术效率得分整体较高，东、中部地区纯技术效率高于西部地区；规模效率得分整体较低，东部地区的规模效率低于中、西部地区。

综上所述，在政府主导供给的情况下，由于适龄儿童基数较大而财政资金投入能力有限，"一村一幼"计划很难通过持续加大投入来提高农村学前教育服务的供给水平，只能在现有投入约束的基础上，通过提高教育财政效率，增加等量财政资金投入的产出效应，以此提高民族地区农村学前教育服务的供给水平。因此，本研究将教育财政效率作为"一村一幼"计划的绩效评估维度，用于反映教育财政资金投入与产出的比例情况，与"一村一幼"计划的效率标准相契合。需指出的是，对"一村一幼"计划的教育财政效率评估将聚焦于技术效率评估，即等量教育财政资金投入下的服务供给产出比较，而不对配置效率和运行效率作过多分析。

2. 儿童入学准备维度

1990年，美国国家教育目标委员会（National Education Goals Panel，NEGP）提出，"到2000年，所有儿童在入学之前都应做好学校的准备"，并将儿童"入学准备"正式纳入《2000年目标：美国教育法》，作为国家教育发展的重要考核项目。自此，"入学准备"（School Readiness）作为重要主题，受到了不同国家地区的教育管理部门、学术研究机构的广泛关注，相关人员就入学准备的概念界定、评估工具、评估结果和干预措施等方面开展了大量研究。

何谓入学准备？部分学者结合各自理解，给出了不同的概念描述。例如，Gredler（2000）认为，入学准备指学龄前儿童为了能从即将开始的正规学校教育中受益所需要具备的各种关键特征或基础条件。刘焱（2006）认为，入学准备是指儿童在进入学校时应该达到的发展水平的期望或能够适应新的学习环境和任务要求的身心发展的水平与状态。总的来说，多数学者就以下两点达成了共识：一是考核对象都是即将进入或刚进入学校学习的学龄儿童；二是考核内容都是儿童入学需要掌握的基本行为能力，以及能够适应新的学习环境的身心发展状态。就考核对象而言，相关概念界定较为清晰，即入学适龄儿童。可能存在的差别在于，我国的"入学"是指进入小学一年级，而部分欧美国家的"入学"是指进入学前班，但这差别未引发学术争议。然而，就考核内容而言，相关概念界定略显模糊，未就儿童需做好准备的具体事项进行详细描述，导致就如何有效地制定入学准备评估工具等方面仍存在较大争议。

入学准备评估工具较为集中地展示了入学准备的理论、内容与标准，直接影响评估结果的有效性，因此科学地选择或编制评价工具是入学准备评估的重要环节（林检妹和潘月娟，2012）。为顺利实施入学准备评估工作，国内外学者编制了大量的入学准备评估工具。例如，Janus 和 Offord（2007）编制的《早期儿童发展评估工具》，包括社会知识和能力、情感成熟度、身体健康、认知发展以及沟通交流能力五个维度。该评估工具具有较强的代表性，大量学者依据此工具改编形成了适用于当地的评估工具（例如，Forget-Dubois et al.，2007；Forer & Zumbo，2011；Guhn et al.，2011；Mousavi & Krishnan，2015）。

然而，对入学准备评估工具的有效性争论并未停止过，即使诸如《早期儿童发展评估工具》这种在全球范围内得到广泛使用的评估工具也不例外（王菠和王萍，2017）。就目前来看，还没有一种入学准备评估工具受到社会各界的广泛认同。正如 Snow（2006）指出的，任何工具的信度和效度都是建立在一定前提条件下的，因而入学准备评估工具的选择需建立在评估目的明确的基础上。换言之，没有最完美的评估工具，只有最合适的评估工具。因此，就不同的入学准备评估目的，需要选择不同的评估工具。例如，Duncan 等（2007）和 Pagani 等（2010）均讨论了入学准备中社会情绪行为对儿童后期学业成绩预测的准确度，但由于评估工具选择不同，所得到的结论存在显著差异。

就目前来看，使用入学准备的目的主要体现在项目评估、措施优化、发展预测和个体筛选四个方面。其中，项目评估和措施优化均将入学准备作为被解释变量，区别在于前者将项目实施作为解释变量，重点放在了项目绩效的评估上，而后者将家庭结构、家长养育方式、家庭环境、社区环境等外部因素作为解释变量，重点放在了对核心解释变量的选择和解释上。发展预测将入学准备作为解释变量，将儿童后期学校适应、学业成就等各方面发展情况作为被解释变量，用于对儿童成长的预测。个体筛选将入学准备作为考核成绩：一是能够将没有达到入学准备标准的儿童筛选出来让他们接受额外的补习，满足入学准备标准后再进入学校学习；二是能够将具有特殊教育需要的儿童筛选出来，让这部分儿童能够接受更适合其特殊情况而专门制定的课程。

综上所述，伴随"一村一幼"计划的持续推进，多数地区的工作重心已逐渐由学前教育普及转向学前教育提质。在城乡教育一体化发展的新时代目标要求下，不断提升农村学前教育质量具有现实必要性。考虑到儿童作为学前教育服务的消费主体，他们的成长情况能够直接体现学前教育服务的供给质量。而作为评估儿童成长情况的重要工具，入学准备评估工具正好为本研究评估农村学前教育服务质量提供了有益借鉴。因此，本研究将儿童入学准备作为"一村一幼"计划的绩效评估维度，用于反映执行结果是否达到政策文件的预期目标设定，与"一村一幼"计划的效果标准相契合。需指出的是，在对入学准备评估工具的选择上，笔者更倾向于使用综合性评估工具，尽可能考虑更多的评估维度，并将所有评估维度进行等价值评判，不就个别维度得分的高低而对"一村一幼"计划做结论判断。

3. 家长主观评价维度

家长满意度作为评价学校教育质量和政府工作绩效的重要工具，已得到了较为广泛的应用。在此基础上，部分学者根据家长满意度的影响因素分析，对进一步改进教育管理与服务提出了大量的政策建议。例如，李伟涛和郐庭瑾（2014）基于 2009～2012 年上海市基础教育公共服务满意度调查数据库以及上海市 2009 年和 2012 年国际学生评估项目（PISA）结果，分析发现减轻学生过重课业负担、提高学生身体和心理素质是提升家长对基础教育公共服务满意度的重点改进领域，郊区学校校际均衡与内涵发展水平属于亟待改进区，建立家长参与机制和基本公共教育服务一体化制度是改进的关键。戚晓明（2015）基于江苏省的实地调查数据，构建了农村义务教育满意度评价的指标体系，研究发现农村义务教育家长满意度不容乐观，需要进行针对性补足。同时，农村义务教育中的软件因子在解释家长总体满意度上贡献较大，政府可在农村义务教育软件方面尤其是师资队伍、教育教学等方面作补足工作。赵丽娟（2017）以北京市 H 区为例，分析发现家长对教育的满意度评价确实反映了区政府教育工作的绩效水平，并且提出应加强政府履行教育职责的意识，关注不同公众群体的教育需求，提高教育服务有效供给水平，打造改进教育管理与服务的高效治理体系。需指出的是，已有学者分析发现，家长对教育的满意度评价确实是影响家长择校意愿的心理变量，尽管家长最终做出的择校行为还会受到其他因素的影响，但是家长对政府和教师的满意度评价是具有显著作用的预测因素（胡平和秦惠民，2011）。

何谓择校？从字面进行理解，择校是在"就近入学"的政策框架下，家长拒绝就近分配的入学机会，通过各种途径为子女选择其他学校的行为，而实质上是在教育机会不均等情况下，家长为占据更多的教育资源，对高质量学校的主动选择行为（胡平和秦惠民，2011）。目前，大量学者从区域教育发展不均衡、家长教育投资理念成熟、应试教育"为分论"导向偏误等多个方面，对择校现象产生的原因进行了有益的探讨（例如，郑春生，2011）。但究其根本，产生择校现象的直接原因，其实就是家长在衡量各类教育成本和收益后，对教育服务消费选择作出的最优决策。可以看出，家长既是择校行为的决策者，也是择校现象的推动者。在本研究中，部分农村家庭拒绝让子女就近在农村幼儿园入学，反而选择送他们到县城接受学前教育，实质上是在城乡学前教育机会不均等情况下，家长为占据更优的学前教育资源所做出的教育服务消费行为，是家长择校行为的具体表现形式之一。

在现有关于择校问题的研究中，多数国内研究者更关注各级党委、政府在治理择校现象和促进教育公平方面的作用（黄家骅，2010；董辉，2014），而对哪些因素会影响家长的择校偏好，现有国内研究仍较为缺乏。相较而言，国外的相关研究成果更为丰富。就目前看来，家长在学前教育阶段的择校行为受到了多方面因素的影响，包括幼儿园位置、幼儿园花费、幼儿园师生比、教师学历情况、幼儿园管理规范、教师热情度、教学氛围感受、师生关系、同伴关系、家校合作程度等（例如，Shlay et al.，2005；Barbarin et al.，2006；Rose & Elicker，2008；Kim & Fram，2009）。需指出的是，除幼儿园位置、幼儿园花费、幼儿园师生比等客观因素外，家长产生择校行为的重要原因仍是学前教育质量，但这一影响因素在具体的预测过程中表现得并不理想。

具体而言，学前教育质量难以从单维度进行评判，也缺乏考试成绩作为客观依据，家长在对学前教育质量进行判断时，非常容易受其自身的价值观干扰，因而部分家长可能因为某一因素而夸大或贬低质量评判，甚至可能做出毫无依据的评判（Cryer & Burchinal，1997）。正如郑旭敏（2010）所述，择校可被看作家长的从众行为，反映了家长的责任意识和社会成就需要。如果将择校行为作为家长对其所拥有的教育权的合法利用和表达方式，部分优质教育资源可实现市场化配置，那么就要遵从消费者满意的原则。因此，将家长看作教育服务消费者，从消费者满意角度研究家长的择校行为，既对保护家长合法行使教育权具有重要意义，也为理解择校行为提供更为深层次的视角（胡平和秦惠民，2011；Rhinesmith，2017）。

综上所述，在办好人民满意的教育的新时代目标导向下，及时回应家长的教育服务需求本身便是农村学前教育服务供给的重要内容，是农村居民获得更多的幸福感和获得感的重要保障。同时，家长主观评价在一定程度上确实能够有效地反映学校教育质量和政府工作绩效，对有针对性地完善"一村一幼"计划具有重要的借鉴价值。然而，伴随农村学前教育普及工作的快速推进，越来越多的农村家庭选择送子女到县城接受学前教育，导致大量刚建成投用的农村幼儿园面临没有适龄儿童入学的问题。上述问题的出现，正是家长对农村学前教育服务质量的满意度评价不足所引发的择校行为，而家长的满意度评价与择校意愿都是家长主观评价中的重要组成部分。因此，本研究将家长主观评价作为"一村一幼"计划的绩效评估维度，用于反映利益相关者对"一村一幼"计划执行结果的主观评价,与"一村一幼"计划的效益标准相契合。

第四节 评估框架子维度的指标体系构建

为有效地实施"一村一幼"计划的绩效评估,构建一套科学且可行的指标体系显得尤为重要。笔者在充分借鉴国内外相关研究的基础上,结合"一村一幼"计划的实际情况,从教育财政效率、家长主观评价和儿童入学准备三个维度,分别构建相应的子维度指标体系。在构建过程中,既要兼顾对民族地区农村学前教育绩效评估的普适性应用,也要突出"一村一幼"计划的政策内容和发展阶段特点,为下文开展实证评估奠定基础。

1. 教育财政效率维度的评估指标体系

国内学者根据教育财政效率的内涵、特点等,在省、市、县等不同层面,对构建评价指标体系做出了大量有益的尝试(例如,任晓辉,2008;张仿松,2010)。就"一村一幼"计划而言,虽然各级党委、政府均在推进民族地区农村学前教育服务供给中发挥着重要的积极作用,但真正落实到政策执行环节,例如财政资金的统筹使用、教育资源的协调配置等工作,均是由县级政府具体负责。可以看出,如果不同州(市)的教育财政效率存在显著差异,那么其源头必然来自辖区内县级教育财政效率的差异。因此,笔者将以县级教育财政效率为评估对象,建立相应的评价指标体系。

教育财政效率实际上测度的是教育财政资金投入与产出的比例情况,即在等量教育财政资金投入情况下对产出进行测算,因而选择适当的投入和产出指标显得尤为重要。具体而言，学前教育财政资金投入是学前教育事业持续发展的物质基础。从政府的角度来讲，学前教育财政资金投入主要体现在财政性学前教育经费的支出方面，因而本研究选取学前教育支出作为投入指标，用县级财政预算学前教育支出进行衡量。此外，本研究通过借鉴相关研究的指标体系（李克勤和郑准，2014；郭燕芬和柏维春，2017），在兼顾样本数据的可比性、可得性和科学性的基础上，选择在园幼儿数、幼儿园所数、师生配比和专业教师配置占比作为产出指标，构建了学前教育财政投入绩效评价指标体系。具体赋值说明如表 5-3 所示。

表 5-3　学前教育财政投入绩效评价指标赋值说明

指标名称	赋值说明
学前教育支出	县级财政预算学前教育支出（万元）
在园幼儿数	在幼儿园就读的幼儿人数（人）
幼儿园所数	包括公办和民办在内的幼儿园所数量（所）
师生配比	每百名在园幼儿数拥有的教职工数（人）
专业教师配置	每百名教职工拥有大专及以上学历的人数（人）

2. 儿童入学准备维度的评估指标体系

教育部印发的《3—6 岁儿童学习与发展指南》（以下简称"《指南》"）以促进儿童体、智、德、美各方面的协调发展为核心，从健康、语言、社会、科学、艺术五个领域，对儿童学习与发展进行了合理的期望，并将每个领域再次划分为若干方面，指明了儿童学习与发展的具体方向，是幼儿园和家庭实施科学保育的重要参考。可以看出，《指南》将儿童的发展看作一个整体，所列评价指标具有全面性，既是对学前教育质量的现实考量，也为本研究评估儿童入学准备能力提供了科学依据。考虑到艺术领域涉及不同的审美标准，难以有效地判别不同标准的好坏，可能导致评估结果存在争议。因此，本研究主要从健康、语言、社会、科学四个领域出发，未将艺术领域纳入分析，在整合《指南》与现有研究成果的基础上，建立评估儿童入学准备能力的指标体系。

第一，健康领域。健康是指儿童在身体和心理方面都能保持良好的状态。在学前教育阶段，具备强健的身体素质、合理的情绪管控能力、基本的生活自理能力是儿童身心健康的重要标志，也是从事其他领域学习与发展的重要基础。因此，可从身体健康、情绪控制和生活习惯三个二级指标对健康进行衡量。第二，语言领域。具备良好的倾听能力和表达能力，是保证儿童与其他个体能够顺利沟通交流的前提，有利于儿童开展社会交往活动。在此基础上，着重提升儿童的听课能力，确保他们能够准确地掌握教师在课堂上传递的知识要点，对儿童进入小学后能够尽快适应课程学习具有重要的意义。因此，可从倾听能力、听课能力和表达能力三个二级指标对语言进行衡量。第三，社会领域。儿童进入小学后，不仅需要具备听课能力，能够有效地跟上教师的授课进度，还需要尽快地融入校园集体生活，确保能够与其他同学相处融洽，这是身心健康发展的重要保障。因此，可从人际交往和社会适应两个二级指标进行衡量。第四，科学领域。学习科学专业知识是儿童进入小学接受教育的根本目的，而确保学习目的的实现，不仅需要儿童能够对学习科学专业知识抱有求知欲，还需要他们养成良好的学习习惯。当然，儿童对科学专业知识的学习效果将直接体现在学习成绩上。因此，可从科学探索、学习习惯和学业学习三个二级指标进行衡量。

　　为进一步开展具体的评估实践，依据上文构建的儿童入学准备评估体系，笔者选择了20个三级指标进行再细化。如表5-4所示，三级指标均来自家长以及小学班主任对学生的主观评价。除家长对"孩子现在的身体健康情况"的主观判断"1～5"分别代表"非常不健康""不健康""一般""比较健康""非常健康"以外，其他的主观评判标准"1～5"分别代表"非常不认同""不认同""一般""比较认同""非常认同"。此外，对一个二级指标对应两个问题的情况，则选取两个问题的得分均值作为该二级指标的具体度量。

表5-4　入学准备评估指标体系

一级指标	二级指标	三级指标
健康	身体健康	孩子现在的身体健康情况（家长）
	情绪控制	学生在校期间能够时刻保持愉快的情绪（班主任）
		学生在校期间表达情绪的方式适度，不乱发脾气（班主任）
	生活习惯	学生在校期间拥有良好的个人卫生习惯（班主任）
语言	倾听习惯	学生听不懂或有疑问时能够主动提问（班主任）
		学生在集体中能认真倾听老师或其他人讲话（班主任）
	倾听能力	学生能够听懂课堂教学中老师所说的普通话（班主任）
		学生能够结合情境理解一些表示因果、假设等相对复杂的句子（班主任）
	表达能力	学生普通话发音清晰（班主任）
		学生能够用普通话清楚表达他的意思（班主任）
社会	人际交往	学生能够做到不欺负别人，也不允许别人欺负自己（班主任）
		学生有自己的好朋友，也喜欢结交新朋友（班主任）
	社会适应	学生在校期间能够和其他同学一起玩耍（班主任）
		学生在集体活动时遵守秩序、保持安静（班主任）

续表

一级指标	二级指标	三级指标
学习	科学探索	学生能够很快学会新知识（班主任）
		孩子对自己感兴趣的问题能够刨根问底（家长）
	学习习惯	学生能够按时完成老师布置的作业或任务（班主任）
		学生能够遵守课堂纪律，保证上课注意力集中（班主任）
	学业学习	学生的语文学业不存在困难风险（班主任）
		学生的数学学业不存在困难风险（班主任）

3. 家长主观评价维度的评估指标体系

本研究以美国顾客满意度指数模型为基础，从家长的需求层次角度来分析，建立了"一村一幼"计划的家长满意度指数模型（见图5-2），主要测度变量包括质量期望、质量感知、公平感知、家长满意度。具体而言，一是家长满意度。家长满意度是家长满意度指数模型测评的最终目标，也是整个因果链条的中心。家长满意度是指家长对农村学前教育服务的整体评价，是教育服务完成后与预期进行比对后的结果。二是质量期望。质量期望是家长基于自己对学前教育的了解，并受政府宣传及亲朋好友影响而对农村学前教育服务质量所进行的判断。不同的家长对农村学前教育服务质量的期望存在差异，质量期望的差异会导致家长形成不同的质量感知和公平感知，进而对农村学前教育服务的实际评价产生重要影响。三是质量感知。质量感知是指家长对农村学前教育服务质量的直观感受。就目前来看，多数学者在对顾客满意度的研究中，选择质量因子作为感知质量的前因变量来分析感知质量的影响因素。四是公平感知。保障教育公平和质量是学前教育服务供给的核心任务，不论是从政府的教育发展战略角度，还是人民的需求层次角度来看，实现教育公平都是提高教育质量的前提性工作（田慧生等，2016）。

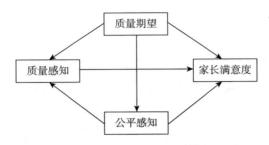

图 5-2　家长满意度指数模型

　　就具体的测量指标设计而言，笔者在先期对"一村一幼"政策和调研区域进行深入实地调研的基础上，结合"一村一幼"计划实际以及已有相关研究文献中的调查问卷进行设计。量表中涉及家长对农村学前教育的评价均为单项选择题，采用李克特五级量表法进行测量。其中，总体满意度、教学能力、午餐质量、设施配置、知识技能、听说能力、生活习惯等指标包括五个选项，"1～5"分别代表"非常不满意""不满意""一般""比较满意""非常满意"；质量比较、知识技能期望、听说能力期望、生活习惯期望等指标包括五个选项，"1～5"分别代表"非常不认同""不认同""一般""比较认同""非常认同"。具体问题设计如表5-5所示。

表 5-5　问卷调查量表设计

潜变量	测量指标	题目
家长满意度	总体满意度	总的来说，您对孩子所上的幼儿园是否感到满意
质量感知	教学能力	您对幼儿园老师的教学能力是否满意
	午餐质量	您对幼儿园提供的免费午餐是否满意
	设施配置	您对幼儿园的教学设施配置是否满意

续表

潜变量	测量指标	题目
质量感知	知识技能	您是否认同幼儿园让孩子学习到了足够的知识和技能
	听说能力	您是否认同幼儿园提高了孩子的普通话听说能力
	生活习惯	您是否认同幼儿园帮助孩子养成了好的生活习惯
公平感知	质量比较	您是否认同孩子上的幼儿园和其他幼儿园的质量一样好
质量预期	知识技能期望	在入园前,您是否认为幼儿园会教孩子更多的知识和技能
	听说能力期望	在入园前,您是否认为幼儿园会帮助孩子养成好的生活习惯
	生活习惯期望	在入园前,您是否认为幼儿园会提高孩子的普通话听说能力

需指出的是,家长择校意愿直接反映了家长对现阶段教育服务质量的评价,也是家长主观评价的重要组成部分。具体而言,择校是家长在衡量各类教育成本和收益后,对教育服务消费选择所做出的最优决策。进一步说,择校与择校意愿之间的区别体现在,择校反映的是家长的实际行动,而择校意愿反映的是家长的行动意图。换言之,采取择校行动的家长必然具有择校意愿,而未采取择校行动的家长可能也具有择校意愿。对于后者而言,有择校意愿但未采取择校行动的家长,可能受限于家庭经济条件等外部因素,但一旦这些外部因素得以排除,他们便可能将意愿转化为行动。就本研究而言,择校意愿能够反映家长对现阶段教育服务质量的主观评价程度,是着力避免民族地区农村学前教育适龄儿童"空心化"现象的直接度量,因而更加关注的是家长的择校意愿而非择校行动。为有效地反映家长的择校意愿,本研究将

使用"如果经济条件允许，家长是否会考虑将子女送出农村，到其他幼儿园接受学前教育"对其进行衡量。

第五节 "一村一幼"计划的绩效评估方法

就目前看来，较为常见的教育政策评估方法主要以对比分析为基础，包括"前－后"对比分析法、"投射－实施后"对比分析法、"有－无"对比分析法和"控制对象－实验对象"对比分析法。其中，由于"前－后"对比分析方法和"投射－实施后"对比分析法仅是以政策利益相关主体本身的变化情况进行分析，缺乏相应的对照参考，难以将教育政策所产生的影响从众多其他影响因素中分离出来，评估结果效度不足，因而不在本研究的考虑范围之中。本研究将着重介绍后两种方法。

第一，"有－无"对比分析法。如图 5－3 所示，A 对应有教育政策，B 对应没有教育政策。该方法是在教育政策实施前后的两个时间节点 t_1 和 t_2 上，分别就有教育政策的和没有教育政策的两种情况进行对比，即计算出（$a_2 - a_1$）和（$b_2 - b_1$）；然后再比较两次对比结果，即计算出 $[(a_2 - a_1) - (b_2 - b_1)]$。该结果便是政策的实际影响效果，若结果为正，就表明教育政策具有积极影响；若结果为负，就表明教育政策具有消极影响。

第二，"控制对象－实验对象"对比分析法。如图 5－4 所示，在教育政策实施前，有两组教育发展水平相同的评估对象，其中 A 为实验组，B 为对照组。该方法是在保持其他条件不变的情况下，对实验组实施干预措施，而对照组不采取干预措施。然后，比较实验组和对照组在实施干预措施后的教育发展水平变

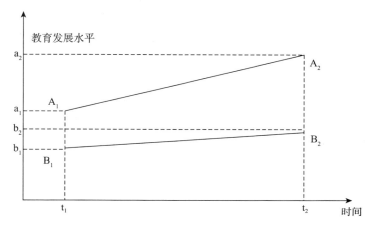

图 5 - 3 "有 - 无" 对比分析法

化,即计算出 $(a_2 - b_2)$。该结果便是教育政策的实际影响效果,若结果为正,就表明教育政策具有积极影响;若结果为负,就表明教育政策具有消极影响。

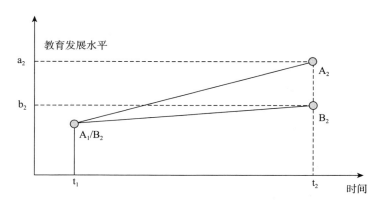

图 5 - 4 "控制对象 - 实验对象" 对比分析法

不可否认,在教育政策评估的实践过程中,面临各类教育政策的效果关联,并且政策评估对象的行为逻辑具有复杂性,即使是"有 - 无"对比分析法和"控制对象 - 实验对象"对比分析法在一定程度上,也难以将单个教育政策产生的影响分离出来进行评估。实践证明，目前也没有在任何情况下都取得最佳效果的教育政策评估方法。同时，定量评估也不是万能的，主流定量研究方法的使用需建立在一定假设条件的基础上。一旦不满足假设条件就可能产生较大偏误，并且它对政策作用机制的解释能力有限（张羽，2013）。庆幸的是，各类因果推断模型的不断发展，例如双重差分法（Difference-in-Difference）、倾向分数配对法（Propensity Score Matching）、断点回归法（Regression Discontinuity）等，持续地丰富着评估教育政策绩效的工具选择。正如和经纬（2008）所述，不同于欧美先进国家的发展经验，我国公共政策评估的研究还没有走完第一个技术性环节就开始考虑"价值多元"，最缺少的就是为公共政策的制定、执行、调整和终止提供有力支撑的经验研究。因此，在充分遵循价值导向的基础上，通过做实定量评估，做优定性分析，实现实证研究与经验推理的结合，才是实施"一村一幼"计划绩效评估的有效选择。

第六章
"一村一幼"计划的绩效评估实证研究

第一节　教育财政效率维度下"一村一幼" 计划的绩效评估

1. 测算方法选择与数据说明

（1）测算方法选择

学术界对于教育财政效率的测算方法主要有参数法和非参数法两种。其中，参数法主要包括随机前沿函数法（Stochastic Frontier Approach，SFA）等，需在效率测算之初，对生产函数形式进行提前设置，具有较强的主观性。若生产函数形式设定错误，就可能导致较为严重的测算误差。而以包络分析法（Data Envelopment Analysis，DEA）为代表的非参数法并不需要提前设定具体的生产函数形式，可直接利用线性规划技术构造有效的凸性生产前沿边界，并通过比较实际生产活动与前沿边界以测度出决策单元的相对效率。特别地，DEA 适用于多投入、多产出的复杂系统，并且能测算出规模效率和技术效率，所评价的效率前沿具有较强的稳健性（Seiford & Thrall，1990），因而在对财政效率进行测算的实证研究中被广泛应用（例如，姚艳燕和邢路姚远，2016；姚林香和欧阳建勇，2018）。

考虑到本节将使用多项财政投入和产出指标，加之对生产函数没有进行提前设定，故选择使用 DEA 对教育财政效率进行测算。需指出的是，DEA 只适用于比较同一时期决策单元的决策效率，属于静态效率测算，不能较好地反映效率发展的动态趋势。为更好地了解财政支出效率的变化趋势，本节利用 Fare 等（1994）构建的 DEA-Malmquist 指数，通过不同时期的距离函数来描述不同时期的财政效率情况，进而动态反映财政效率的变化情况。具体而言，在不变规模报酬假定下，对于 t 和 $t+1$ 时期的两组投入产出变量（x^t，y^t）和（x^{t+1}，y^{t+1}），计算以 t 时期前沿生产技术 T^t 为参照的 t 和 $t+1$ 时期的产出距离，即 $D_C^t(x^t，y^t)$ 和 $D_C^t(x^{t+1}，y^{t+1})$，进而测算出基于产出角度的 Malmquist 指数，即：

$$M_C^t(x^{t+1},y^{t+1},x^t,y^t) = \frac{D_C^t(x^{t+1},y^{t+1})}{D_C^t(x^t,y^t)} \tag{1}$$

同理，计算以 $t+1$ 时期前沿生产技术 T^{t+1} 为参照的 t 和 $t+1$ 时期的产出距离，即 $D_C^{t+1}(x^t，y^t)$ 和 $D_C^{t+1}(x^{t+1}，y^{t+1})$，进而测算出基于产出角度的 Malmquist 指数，即：

$$M_C^{t+1}(x^{t+1},y^{t+1},x^t,y^t) = \frac{D_C^{t+1}(x^{t+1},y^{t+1})}{D_C^{t+1}(x^t,y^t)} \tag{2}$$

为消除不同时期可能导致的计算误差，可用式（1）和式（2）的几何平均值来衡量从 t 到 $t+1$ 时期的生产效率变化，即：

$$M_C(x^{t+1},y^{t+1},x^t,y^t) = \sqrt{\frac{D_C^t(x^{t+1},y^{t+1})}{D_C^t(x^t,y^t)} \times \frac{D_C^{t+1}(x^{t+1},y^{t+1})}{D_C^{t+1}(x^t,y^t)}} \tag{3}$$

该指数大于 1 时，表明从 t 期到 $t+1$ 期全要素生产率是增长的；该指数小于 1 时，表明从 t 期到 $t+1$ 期全要素生产率有所降低。生产效率可分解成为相对技术效率（EC）和技术进步（TC）。其中，EC 表示 t 到 $t+1$ 时期每个决策单元到最佳前沿边界的距离，即相对效率变化；TC 表示 t 到 $t+1$ 时期最佳产出边界变化，即生产技术变化。具体分解公式如下：

$$M_c(x^{t+1}, y^{t+1}, x^t, y^t) = EC \times TC$$

$$= \frac{D_c^{t+1}(x^{t+1}, y^{t+1})}{D_c^t(x^t, y^t)} \times \sqrt{\frac{D_c^t(x^{t+1}, y^{t+1})}{D_c^{t+1}(x^{t+1}, y^{t+1})} \times \frac{D_c^t(x^t, y^t)}{D_c^{t+1}(x^t, y^t)}} \qquad (4)$$

此外，在可变规模报酬假定下，以 t 时期前沿生产技术 T^t 为参照的 t 和 $t+1$ 时期的产出距离分别变为 $D_V^t(x^t, y^t)$ 和 $D_V^t(x^{t+1}, y^{t+1})$，同理可得 $D_V^{t+1}(x^t, y^t)$ 和 $D_V^{t+1}(x^{t+1}, y^{t+1})$。相对技术效率（$EC$）还可进一步分解成规模效率（$SEC$）和纯技术效率（$PEC$）。具体分解公式如下：

$$EC = SEC \times PEC = \frac{D_c^{t+1}(x^{t+1}, y^{t+1})/D_V^{t+1}(x^{t+1}, y^{t+1})}{D_c^t(x^t, y^t)/D_V^t(x^t, y^t)} \times \frac{D_V^{t+1}(x^{t+1}, y^{t+1})}{D_V^t(x^t, y^t)}$$

$$(5)$$

（2）数据说明

本节选择的研究对象为四川省阿坝州、甘孜州以及凉山州的 48 个县。然而，由于涉及学前教育事业发展的数据无法通过现有的公开资料获取，笔者以依托所在单位向各县教育局发函协助或网上申请公开资料的方式进行收集，共收回 42 个县的数据资料。通过对缺失数据和异常值的样本进行剔除，笔者最终确定 32 个县作为研究样本，包括阿坝州的阿坝县、黑水县、红原县、金川县、九寨沟县、理县、马尔康市、茂县、壤塘县、若尔盖县、松潘县、汶川县、小金县,甘孜州的丹巴县、理塘县、炉霍县、泸定县、石渠县、乡城县,凉山州的德昌县、会理县、会东县、金阳县、雷波县、美姑县、冕宁县、宁南县、普格县、喜德县、盐源县、越西县、昭觉县。此外,四川省"一村一幼"计划是从2012年开始实施试点工作的,因而笔者收集数据的时间跨度为2011年到2017年。

2. 效率测算结果及讨论

(1) 教育财政效率的静态评价

本节运用 Deap2.1 软件测算了 32 个县的教育财政效率①得分情况,测算结果如表 6-1 所示。根据表 6-1 中的结果,2011~2017 年 32 个县的教育财政效率存在较大差异。其中,2017 年,高于教育财政效率平均值的县有 16 个,占比达 50.0%,分别为马尔康市、理县、金川县、乡城县、石渠县、九寨沟县、会东县、炉霍县、阿坝县、若尔盖县、壤塘县、小金县、理塘县、盐源县、丹巴县和汶川县;低于教育财政效率平均值的县有 16 个,占比 50.0%,依次包括金阳县、红原县、昭觉县、冕宁县、松潘县、喜德县、宁南县、雷波县、美姑县、黑水县、普格县、德昌县、越西县、泸定县、茂县和会理县。同时,2011~2017 年,多数县的教育财政效率值得分存在一定的波动,但就整体来看表现出逐年递减的发展趋势。这表明,多数县在教育财政效率方面的表现并不理想,不仅没有随着时间的推移而进步,反而呈现效率退步的发展颓势。各县在此期间陆续开始了"一村一幼"计划的实施工作,加大了对农村学前教育发展的重视程度和投入力度,但就各县的教育财政效率值得分变化趋势而言,还难以支持"一

———————————

① 教育财政效率在本节中对应于包络分析法中的综合技术效率,下文不再赘述。

村一幼"计划有助于促进教育财政效率提高的论断。

表 6 - 1　2011 ~ 2017 年 32 个县的教育财政效率值

各县名称	2011	2012	2013	2014	2015	2016	2017
阿坝县	0.697	0.719	0.759	0.714	0.718	0.749	0.691
丹巴县	0.843	0.721	0.869	0.759	0.755	0.731	0.662
德昌县	0.789	0.777	0.672	0.644	0.629	0.614	0.541
黑水县	1	0.689	0.744	0.688	0.57	0.707	0.578
红原县	0.692	0.718	0.748	0.7	0.682	0.688	0.634
会理县	0.711	0.633	0.633	0.562	0.532	0.57	0.512
会东县	0.954	0.779	0.831	0.688	0.656	0.722	0.705
金川县	0.992	0.85	0.856	0.815	0.779	0.756	0.738
金阳县	0.723	0.722	0.699	0.688	0.624	0.651	0.636
九寨沟县	0.825	0.745	0.683	0.752	0.697	0.693	0.708
雷波县	0.816	0.693	0.736	0.652	0.644	0.624	0.597
理塘县	0.822	0.753	0.814	0.817	0.743	0.68	0.67
理县	1	0.813	0.925	0.671	0.787	0.893	0.767
炉霍县	1	0.868	0.85	0.947	0.716	0.783	0.699
泸定县	0.686	0.696	0.752	0.658	0.697	0.645	0.52
马尔康市	0.973	0.87	0.682	0.85	0.541	0.794	1
茂县	0.595	0.541	0.565	0.549	0.539	0.532	0.52
美姑县	0.771	0.78	0.784	0.71	0.523	0.586	0.58
冕宁县	0.987	0.836	0.809	0.667	0.713	0.721	0.627
宁南县	0.784	0.704	0.727	0.699	0.7	0.701	0.599
普格县	0.84	0.585	0.621	0.61	0.637	0.601	0.566
壤塘县	0.633	0.727	0.711	0.699	0.678	0.659	0.683
若尔盖县	0.786	0.619	0.841	0.755	0.727	0.737	0.683
石渠县	0.781	0.866	0.849	0.747	0.839	0.723	0.709

各县名称	2011	2012	2013	2014	2015	2016	2017
松潘县	0.768	0.723	0.747	0.777	0.759	0.684	0.625
汶川县	0.833	0.79	0.785	0.733	0.706	0.689	0.662
喜德县	0.716	0.682	0.74	0.65	0.684	0.683	0.619
乡城县	0.694	0.81	0.72	0.82	0.801	0.825	0.715
小金县	0.863	0.763	0.699	0.564	0.712	0.728	0.674
盐源县	1	0.867	0.79	0.683	0.718	0.721	0.669
越西县	0.731	0.657	0.662	0.622	0.545	0.545	0.529
昭觉县	0.787	0.769	0.795	0.717	0.695	0.672	0.631
平均值	0.815	0.743	0.753	0.706	0.680	0.691	0.648

就表6－2中的结果而言，2011～2017年32个县的教育财政效率值总体水平较低，教育财政效率值呈逐年下降趋势，从2011年的0.815下降至2017年的0.648。通过进一步分析纯技术效率值和规模效率值可以发现，2011～2017年，32个县的纯技术效率值持续高于0.950，而规模效率值呈逐年下降趋势，从2011年的0.843下降至2017年的0.666。这表明，在当前的管理和技术水平上，32个县对财政资金的使用是有效的，而教育财政效率持续走低的主要原因是规模无效率。考虑到多数县均表现出规模报酬递减状态，符合前文对农村学前教育服务供给模型的前提假设，说明当前的规模无效率主要是投入过剩导致的当期投入规模与最优投入规模存在较大差距。不难解释，从2012年起，四川省民族地区各县便陆续开始了"一村一幼"计划的实施工作，其间投入了大量的财政资金发展农村学前教育。在"一村一幼"计划的推动下，无论是幼儿园数量还是在园幼儿数，各县的农村学前教育发展规模都实现了快速扩张。因此，"一村一幼"计划在促使各

类学前教育发展指标实现大幅提升的同时，也极大地促使了规模效率逐年走低。因此，就教育财政效率而言，"一村一幼"计划非但没有发挥显著的正向效应，还可能成为各县教育财政效率持续降低的主要因素。

表 6 – 2 2011 ~ 2017 年 32 个县的教育财政效率值及其分解情况

年份	教育财政效率值	纯技术效率值	规模效率值
2011	0.815	0.966	0.843
2012	0.743	0.959	0.775
2013	0.753	0.965	0.780
2014	0.706	0.963	0.734
2015	0.680	0.967	0.703
2016	0.691	0.977	0.708
2017	0.648	0.973	0.666

为进一步说明四川省三个民族自治州在教育财政效率值上存在的差异，本节基于 32 个县的效率平均值分别对阿坝州、甘孜州和凉山州的财政效率值进行了测算，结果如表 6 – 3 所示。根据表 6 – 3 中的结果，综合考虑 2011 ~ 2017 年的教育财政效率平均值，甘孜州在教育财政效率方面的表现最优，阿坝州州次之，而凉山州相对落后。然而，阿坝州、甘孜州和凉山州的教育财政效率值总体水平较低，并且均呈现逐年下降的发展趋势，与上文的整体发展趋势一致。就共同点而言，阿坝州、甘孜州和凉山州的纯技术效率值普遍较高，而教育财政效率值持续走低的主要原因均是规模无效率。这表明，无论是从全省层面来看，还是从自治州层面来看，规模无效率都是制约教育财政效率提高的重要因素。

表 6-3　2011～2017 年阿坝州、甘孜州与凉山州的教育
财政效率值及其分解情况

年份	阿坝州			甘孜州			凉山州		
	教育财政效率值	纯技术效率值	规模效率值	教育财政效率值	纯技术效率值	规模效率值	教育财政效率值	纯技术效率值	规模效率值
2011	0.820	0.979	0.836	0.804	0.954	0.841	0.816	0.960	0.850
2012	0.736	0.978	0.752	0.786	0.944	0.832	0.730	0.947	0.770
2013	0.750	0.971	0.771	0.809	0.950	0.851	0.731	0.964	0.757
2014	0.713	0.968	0.738	0.791	0.951	0.832	0.661	0.964	0.686
2015	0.684	0.967	0.706	0.759	0.971	0.783	0.638	0.965	0.662
2016	0.716	0.979	0.732	0.731	0.956	0.765	0.647	0.984	0.658
2017	0.689	0.976	0.705	0.663	0.961	0.688	0.601	0.975	0.616

（2）教育财政效率的动态评价

为了更好地分析 2011～2017 年 32 个县的教育财政效率的动态变化特征，本节借助 Deap2.1 软件对 2011～2017 年的数据进行处理，利用 Malmquist 指数计算了 32 个县的年均全要素生产率变化值及其分解情况，相应的结果如表 6-4 所示。表 6-4 中的结果显示，32 个县的年均全要素生产率变化值存在较大差异。具体而言，全要素生产率变化值大于 1 的县仅有 4 个，并且增长率都不高，分别为马尔康市（1.04）、阿坝县（1.009）、乡城县（1.009）和壤塘县（1.008）。全要素生产率变化值小于 1 的县则高达 28 个，得分从高到低依次为金阳县、石渠县、若尔盖县、昭觉县、美姑县、红原县、茂县、松潘县、普格县、九寨沟县、喜德县、理塘县、理县、汶川县、小金县、泸定县、会理县、越西县、金川县、雷波县、丹巴县、会东县、德昌县、宁南县、盐源县、炉霍县、冕宁县以及黑水县。

对全要素生产率变化值进行分解可发现,一方面,技术效率变化值的表现较为优异,有23个县的得分大于等于1,并且其余9个县的得分均接近于1,即便是得分最低的黑水县也达到了0.98;另一方面,规模效率变化值的表现并不理想,仅有11个县的得分大于等于1,而其余21个县的得分均小于1。上述结果与本节对32个县静态效率变化的趋势判断一致。就技术进步而言,仅有9个县的技术进步值得分大于1,其余23个县的得分均小于1,整体表现并不理想。这表明,2011~2017年,多数县的管理和技术水平不但没有得到提升,反而有所下降。

表6-4 2011~2017年32个县的年均全要素生产率变化值及其分解情况

各县名称	全要素生产率变化值	技术进步值	综合技术效率变化值	技术效率变化值	规模效率变化值
马尔康市	1.04	1.04	1	1	1
阿坝县	1.009	0.982	1.027	1.004	1.023
乡城县	1.009	0.963	1.047	1.012	1.034
壤塘县	1.008	0.96	1.05	0.999	1.051
金阳县	0.99	0.984	1.006	1.001	1.005
石渠县	0.989	0.972	1.017	1.005	1.012
若尔盖县	0.986	0.982	1.005	0.997	1.008
昭觉县	0.986	1.022	0.965	1	0.965
美姑县	0.985	1.034	0.953	1.005	0.948
红原县	0.983	0.957	1.027	0.999	1.028
茂县	0.979	0.984	0.995	0.997	0.998
松潘县	0.975	0.988	0.987	1.005	0.983
普格县	0.974	1.042	0.935	1.01	0.925
九寨沟县	0.973	0.963	1.01	1.006	1.003

各县名称	全要素生产率变化值	技术进步值	综合技术效率变化值	技术效率变化值	规模效率变化值
喜德县	0.972	0.997	0.975	1.014	0.962
理塘县	0.969	0.963	1.005	1.003	1.002
理县	0.965	0.981	0.983	1	0.983
汶川县	0.965	0.977	0.987	1	0.987
小金县	0.961	0.963	0.998	1.004	0.994
泸定县	0.96	0.984	0.975	0.995	0.981
会理县	0.958	1.056	0.907	0.997	0.909
越西县	0.958	1.039	0.922	1	0.922
金川县	0.957	0.975	0.981	1	0.981
雷波县	0.957	0.982	0.974	1.006	0.969
丹巴县	0.955	0.95	1.005	1.004	1.001
会东县	0.955	0.982	0.972	1	0.972
德昌县	0.947	1.01	0.937	1.003	0.934
宁南县	0.945	1.009	0.936	0.99	0.945
盐源县	0.944	0.993	0.951	1	0.951
炉霍县	0.94	0.96	0.979	0.999	0.98
冕宁县	0.931	0.994	0.937	1	0.937
黑水县	0.915	1.003	0.913	0.98	0.932

　　表6-5显示了2011~2017年32个县的县均全要素生产率变化值及其分解情况。可以发现，虽然全要素生产率变化值在此期间出现一定的波动，但平均值仅有0.97，说明2011~2017年32个县的表现并不理想，教育财政效率呈整体下降趋势。同时，将全要素生产率变化值进行分解，可以看到技术进步值除2011~2012年、2014~2015年低于1以外，其他年份的变化值均高于

1，但由于变化值低于 1 的年份降幅过大，从 2011～2017 年的整体发展情况来看，32 个县的管理和技术水平并未得到提升。就综合技术效率变化值而言，其整体平均值仅为 0.979，是制约全要素生产率提高的重要因素。

　　进一步对教育财政效率变化值进行分解可发现，技术效率变化值的表现较为稳健，但整体的平均值得分仅为 1.001，对提高教育财政效率的贡献相对有限。然而，规模效率变化值 2013～2014 年、2015～2016 年、2016～2017 年均低于 1，加之相应的降幅较大，导致整体平均值得分仅为 0.978。这表明，规模效率不足不仅是制约教育财政效率提高的重要因素，还成为制约全要素生产率提高的重要因素。总的来说，虽然技术进步和技术效率变化在一定程度上会对全要素生产率产生影响，但从整体平均值来看，两者的得分与 1 之间不存在较大差距，因而所能产生的影响相对有限。相较而言，规模效率不足才是制约全要素生产率提高的首要因素。

表 6 - 5　2011～2017 年 32 个县的县均全要素生产率
变化值及其分解情况

年份	全要素生产率变化值	技术进步值	综合技术效率变化值	技术效率变化值	规模效率变化值
2011～2012	0.915	0.86	1.064	0.999	1.065
2012～2013	1.036	1.001	1.035	1.013	1.022
2013～2014	0.944	1.09	0.867	0.997	0.869
2014～2015	0.962	0.84	1.145	1.004	1.141
2015～2016	1.029	1.082	0.951	0.997	0.953
2016～2017	0.938	1.105	0.849	0.996	0.852
平均值	0.97	0.99	0.979	1.001	0.978

3. "一村一幼"计划对教育财政效率的影响分析

（1）实证模型构建及数据说明

表 6 - 1 测算出了 32 个县的教育财政效率值，但就教育财政效率值的影响因素，特别是对"一村一幼"计划所产生的影响，仍待进一步探讨。考虑到教育财政效率值均是 0 ~ 1 的双截尾数据，运用普通最小二乘法直接进行计量回归所得到的估计结果可能存在偏误。因此，本节采用面板 Tobit 模型以期得到更加精确的参数估计值，其基础结构如下：

$$y_{it}^* = \beta_0 + \beta^T X_{it} + u_i + \varepsilon_{it}$$

$$y_{it} = y_{it}^*, if\ y_{it}^* > 0$$

$$y_{it} = 0, if\ y_{it}^* \leqslant 0$$

其中，被解释变量 y_{it} 为 i 县第 t 年实际测算得到的全要素教育财政效率得分，y_{it}^* 为相应的潜变量，X_{it} 为相应的控制变量，β_0 是常数项，β^T 是需要测算的参数，u_i 表示非观测的个体固定效应，$\varepsilon_{it} \sim N\ (0,\ \sigma^2)$。

就核心解释变量而言，本节选择村幼儿童占比作为衡量"一村一幼"计划成效的解释变量。农村幼儿园作为"一村一幼"计划的政策实施内容，也是承担农村学前教育发展的重要载体。农村幼儿园在园幼儿数量占在园幼儿总人数的比重，既能有效地反映"一村一幼"计划在推进地区学前教育事业发展中所发挥的重要作用，也能较为直观地反映农村学前教育发展规模与县城学前教育发展规模的相对水平。就其他解释变量而言，本节还选择了民幼儿童占比、财政自给率、人均 GDP、常住人口以及小学生师比。其中，民幼儿童占比用于衡量民办幼儿园的发展水平，财政自给率用于衡量本级财政收入能力，人均 GDP 用于衡量社会经济发展水平，常住人口用于衡量县域人口规模大小，小学生师比用于衡量当地小学发展质量。各解释变量的具体赋值情况如表6-6所示。需指出的是，村幼儿童占比和民幼儿童占比的数据来源于笔者向32个县教育局申请得到的数据资料，其他变量的数据均来源于2012~2018年的《四川省统计年鉴》。

表6-6　面板Tobit模型解释变量的赋值说明

指标名称	赋值说明
村幼儿童占比	农村幼儿园在园幼儿数量占在园幼儿总人数的比重
民幼儿童占比	民办幼儿园在园幼儿数量占在园幼儿总人数的比重
财政自给率	公共财政预算收入与公共财政预算支出的比值
人均GDP	人均地区生产总值（元/人）的对数
常住人口	地区常住总人口（万人/平方公里）的对数
小学生师比	小学在校学生与小学专任教师的比值

（2）实证研究结果及分析

关于面板数据的Tobit模型通常有两种形式，即混合Tobit模型和随机效应的面板Tobit模型。一般而言，根据似然比检验（LR检验）的结果对具体的模型选择进行判断。本节结果（P = 0.000）显示强烈拒绝原假设，因而认为存在个体效应，故应选择随机效应的面板Tobit模型。具体的回归结果见表6-7。

根据表6-7中的结果，村幼儿童占比在5%的水平上显著为负，表明村幼儿童占比的提高将显著降低教育财政效率。根据上文对村幼儿童占比的变量设置，村幼儿童占比越高，说明"一村一幼"计划的实施覆盖面越广。因此，上述结果还可理解为，"一村一幼"计划不仅未能发挥积极效应，反而在一定程度上降低了教育财政效率，符合笔者在静态效率分析部分所做的推断。

可能的原因在于，部分县在推进"一村一幼"计划的过程中，主要依靠加大财政投入以促进农村学前教育事业发展，未能在具体的政策执行过程中兼顾教育财政效率的提高。更重要的是，各县加大的财政投入可能已超过了当地的最优投入规模，因而导致教育财政效率的下降。需指出的是，虽然这些县在短期内通过加大财政投入，提高了各类学前教育发展指标，推进了农村学前教育的普及工作，但相较于其他县而言，等量的财政投入未能带来同样的产出效益，造成了一定的财政投入损失。就长期来看，上述现象不利于"一村一幼"计划的持续发展，需引起各级党委、政府的高度重视。

就财政自给率而言，在 1% 的水平上显著为正，说明本级财政收入能力越强的县，对学前教育财政投入的使用效率越高。就多数民族地区的县而言，本级财政收入能力较弱，更多依靠上级财政的转移支付以维持财政收支平衡。虽然上级财政的转移支出能够用于农村学前教育事业的发展，但部分资金的使用权限受到了限制，无法完全由教育部门结合当地发展实际进行灵活使用。因此，本级财政收入能力较强的县，不仅可以利用上级转移支付的专项资金对当地学前教育进行发展，还能够动用本级财政资金对专项资金无法覆盖到的内容进行针对性补足，有助于教育财政效率的提高。

就人均 GDP 而言，在 1% 的水平上显著为负，说明当地的社会经济发展水平越好，反而越不利于教育财政效率的提高，这与程侃（2013）的研究结论相反。可能的原因在于，正如上文所述，伴随农村社会经济的稳步发展和居民收入水平的持续提高，将有越来越多的农村家庭选择将子女送到县城接受学前教育，导致刚建成的农村幼儿园面临无适龄儿童入学的问题。对于正在着力推进"一村一幼"计划的各县而言,即使村幼儿童在园人数正在减少,但只要村幼在园幼儿数量达到 3～5 人,也要投入大量的财政资金保证幼儿园的正常运营。在此情况下,虽然各县提高了对农村学前教育的财政资金投入水平,但是相应的产出效应难以得到等量提升,这不仅不利于规模效率的提高,还抑制了教育财政效率的提高。

就其他解释变量而言,常住人口在 10% 的水平上显著为负,说明县域常住人口数量的增加将显著降低教育财政效率。可能的原因在于,伴随县域常住人口数量的增加,当地教育部门面临的发展环境更加复杂,对学前教育事业的管理难度显著增大,这不利于教育财政效率的提高。小学生师比在 5% 的水平上显著为正,说明以小学生师比为代表的当地基础教育发展水平越高,教育部门的教育发展经验越丰富,在发展学前教育时也会有更高的效率。此外,民幼儿童占比对教育财政效率的影响并不显著。需指出的是,积极探索学前教育市场化道路,通过建立"以奖代补"机制,引导企事业单位、社会团体、集体经济等市场主体参与民办幼儿园建设,是解决学前教育财政资金投入不足的实践尝试,也是推进"一村一幼"计划的重要内容。但就目前来看,民办幼儿园未能承担起相应的发展职责,特别是在优化资金投入配置方面。因此,就如何优化财政激励措施,有效地发挥民办幼儿园对公办幼儿园的补充功能,仍需我们进一步探讨。

表 6-7　全要素教育财政效率的影响因素估计结果

变量	模型 (1)	模型 (2)
村幼儿童占比	-0.099^{***} (0.033)	-0.076^{**} (0.030)

续表

变量	模型（1）	模型（2）
民幼儿童占比		-0.063
		(0.049)
财政自给率		0.529^{***}
		(0.118)
人均 GDP		-0.179^{***}
		(0.029)
常住人口		-0.036^{*}
		(0.022)
小学生师比		0.871^{**}
		(0.398)
Wald_sta	9.16^{***}	73.61^{***}

注：***、**、*分别表示在1%、5%和10%的显著性水平上显著。本表省略了汇报常数项的估计结果，括号内的数值表示回归系数估计量的标准差。

4. 小结

本节利用 DEA-Malmquist 指数对四川省民族地区 32 个县的教育财政效率进行了实证测算。从静态评价和动态评价两个层面出发，对 32 个县的教育财政效率进行了横向比较和纵向比较，分析得出了 2011～2017 年上述县的教育财政效率变化特征。在此基础上，利用随机效应的面板 Tobit 模型对影响教育财政效率的因素进行了实证检验。本节可以得到以下三点结论。

第一，教育财政效率的静态评价方面。2011～2017 年，四川省民族地区 32 个县的教育财政效率值总体水平较低，并且呈现显著的下降趋势，从 2011 年的 0.815 下降至 2017 年的 0.648。从各县的教育财政效率值变化趋势可看出，多数县的教育财政效率虽然存在一定的波动，但效率值呈逐年递减的趋势，与整体表现相符，均不太理想。本节进一步将教育财政效率细分为纯技术效率和规模效率，结果发现，在当前的管理和技术水平上，32 个县对财政资金的使用是有效的，而教育财政效率持续走低的主要原因是规模无效率。在此期间，多数县均表现出规模报酬递减状态，说明规模无效率主要是投入过剩导致的当期投入规模与最优投入规模存在较大差距。当然，上述结果也证实了前文对农村学前教育服务供给模型的前提假设。此外，无论是从全省层面来看，还是从自治州层面来看，规模无效率都是制约教育财政效率提高的重要因素。

第二，教育财政效率的动态评价方面。虽然 2011～2017 年 32 个县的县均全要素生产率变化值出现一定的波动，但整体平均值仅为 0.97，说明 32 个县的教育财政效率呈整体下降趋势，整体表现并不理想。从各县的具体情况可看出，仅有 4 个县的全要素生产率变化值大于 1，表现出整体效率上升趋势，而其他 28 个县的效率表现并不理想。本节进一步将全要素生产率变化值分解为技术进步、技术效率和规模效率可发现，虽然技术进步和技术效率变化在一定程度上会对全要素生产率产生影响，但从整体平均值来看，两者相应的得分与 1 之间不存在较大差距，因而所能产生的影响相对有限。相较而言，规模效率不足才是制约全要素生产率提高的首要因素，与效率的静态评价结果相符。

第三，教育财政效率的影响因素方面。"一村一幼" 计划不仅未能有效地促进教育财政效率的提升，反而在一定程度上发挥了显著的消极效应，符合笔者在静态评价和动态评价部分所做的论断。可能的原因在于，部分县在推进 "一村一幼" 计划的过程中，加大的财政资金投入量可能已超过了当地的最优投入规模，规模报酬递减状态频现，导致教育财政效率的下降。此外，本级财政收入能力越强的县，对学前教育财政投入的掌控能力越强，相应的支出效率越高。人均 GDP 在 1% 的水平上显著为负，验证了前文"居民收入水平越高，农村学前教育供需不匹配现象越明显"的论断。需指出的是，民办幼儿园对教育财政效率的影响并不明显，进一步说明当前民办幼儿园在推进学前教育事业发展的过程中，特别是在优化资金投入配置方面，未能承担起相应的职能。

第二节 儿童入学准备维度下"一村一幼"计划的绩效评估

1. 模型选择与数据说明

（1）模型选择

微观计量经济学领域中新发展起来的倾向得分匹配法（Propensity Score Matching，PSM）是一种近似于自然实验的方法。该方法的基本思路是，比较分析同一个学生在"接受村幼教育"和"接受城幼教育"两种不同状态下的入学准备能力差异，所得到的差异结果便能够被判定为是由接受村幼教育引起的。需指出的是，同一个学生不可能在同一个时期处于两种截然不同的状态，这种检验思路在现实实践中难以被运用，因而需要在理论层面构造出一个"反事实框架"。具体而言，可按照某一特征标准，对接受过村幼教育的实验组学生和接受城幼教育的对照组学生进行逐个配对，确保配对后的实验组与对照组只在接受学前教育经历方面存在差异，而其他方面（匹配变量）上的特征尽可能保持一致。为实现实验组与对照组的有效匹配，本节充分借鉴已有相关研究成果（如陈纯槿等，2017；贾晋等，2018），选择的匹配变量及其具体含义见表 6-8。

表 6 – 8　匹配变量设置及赋值说明

变量符号	变量名称	赋值说明
sex	学生性别	学生的性别，回答 "女性" 和 "男性" 分别赋值 "0" 和 "1"
education	父母教育	学生父亲/母亲的最高教育程度，回答 "没接受过任何教育" "小学" "初中" "高中及以上" 依次赋值 "1～4"
condition	经济条件	家庭经济收入是否能够满足日常开支，回答 "不能满足" "基本满足" "满足且略有剩余" "非常满足" 依次赋值 "1～4"
aspiration	家庭期望	家长对学生接受教育水平的期望，回答 "无所谓" "初中" "高中" "本科" "研究生及以上" 依次赋值 "1～5"
distance	就学距离	到乡镇集镇中心所需的时间，回答 "10 分钟以内" "10～30 分钟" "30 分钟以上" 依次赋值 "1～3"

　　具体而言，按照 Becker 和 Ichino（2002）的方法，首先采用 Logit 模型，构建家庭学前教育决策方程，具体形式如下：

$$p(X_i) = Pr(treat_i = 1 \mid X_i) = \frac{exp(\beta X_i)}{1 + exp(\beta X_i)} \tag{6}$$

　　其中，*treat* 表示村幼教育经历虚变量，若接受过村幼教育，则赋值为 "1"，否则为 "0"。$p(X_i) = Pr(treat_i = 1 \mid X_i)$ 表示在控制各匹配变量的情况下，学生 i 接受村幼教育的条件概率，即学生 i 的倾向得分。通过对村幼教育经历虚变量进行回归，以各匹配变量的回归系数作为权重，便可拟合出每一个学生的倾向得分，将多维匹配标准降解成一维。然后，根据每个学生的倾向得分值，对实验组学生和对照组学生进行逐一配对。

　　就理论而言，完成配对后的实验组学生与对照组学生除学前教育经历外，在其他方面的特征已不存在显著的差异，保证了实验组与对照组具有可比性，从而能够有效地估算村幼教育经历的净效应。然后，通过式（7）便可计算出村幼教育经历对学生入学准备能力的平均处理效应 ATT（Average Treatment Effect on the Treated），即实验组学生与对照组学生在入学准备能力评价上的平均组间差异。

$$ATT = E\left[Y_{1i} - Y_{0i} \mid treat_i = 1\right] = E\left\{E\left[Y_{1i} \mid treat_i = 1, p\left(X_i\right)\right] \right.$$
$$\left. - E\left[Y_{0i} \mid treat_i = 0, p\left(X_i\right)\right] \mid treat_i = 1\right\} \qquad (7)$$

其中，Y_{1i} 和 Y_{0i} 分别表示学生 i 接受村幼教育和接受城幼教育两种情况下的入学准备能力评价。

（2）数据说明

本节数据来源于笔者于 2018 年 9 月和 11 月在四川省阿坝州汶川县、金川县和甘孜州新龙县开展的主题为"四川省'一村一幼'建设绩效评估"的农村实地调研，分为家长问卷与教师问卷两个部分。笔者在上述各自治县分别选择 5 个反映不同经济发展水平的代表性乡镇，并选择样本乡镇的中心小学，在一年级学生名册上随机抽取 25～40 名学生作为研究样本。需强调的是，由于接受过村幼教育的儿童占比并不高，考虑到民族地区交通不便的现实情况，笔者难以将每个学生家长集中到学校开展统一调查，因此采取电话访谈的形式，对学生家长①开展问卷调查。在样本学生所在班级的班主任配合下，笔者组织成员使用 CATI（Computer Assisted Telephone Interview）系统，实际拨出并接通 421 个访问电话，回收有效问卷 219 份，电访有效率为 52%，覆盖 3 个

---

① 考虑到家长问卷中的大多数题目为对学生日常表现的主观评价，为保证受访者对学生的实际情况足够了解，笔者在收集受访学生家长的联系方式时，专门要求学生所在班级的班主任老师提供学生看护人的联系方式，而不局限于学生的父母。

自治县 15 个乡镇中心小学。在此基础上，委托有效受访学生所在班级的班主任老师，对学生的在校情况进行问卷填写，实际发放问卷 219 份，回收有效问卷 219 份，问卷有效率为 100%。本节基于学生个体编码，将家长问卷与教师问卷一一进行匹配，最终整理得到了 219 个微观样本。

由表 6 – 9 中的描述性统计结果可知，本节样本中有 159 个学生接受过村幼教育，占总体样本的 72.6%。就匹配指标而言，有 43.4% 的学生为男性，表明样本学生中男性和女性占比较为均衡。学生父母的最高受教育程度普遍较低，多处于小学（41.6%）和初中（37.8%）程度，而对子女的受教育水平的期望多处于大学本科及以上。对比实验组和对照组的匹配特征可发现，主要差异体现在父母教育、经济条件和就学距离方面。其中，对照组学生的父母受教育程度更高，家庭经济条件更好以及接受城幼教育更加便捷。上述差异符合预期。就评价指标而言，实验组和对照组的差异主要体现在身体健康、表达能力、科学探索、学习习惯和学业学习五个维度，并且均为对照组学生的得分高于实验组学生。这表明，城幼教育与村幼教育对学生的入学准备能力的培养确实存在差异。其中，城幼教育所取得的成效主要体现在入学准备能力评估中的科学领域。

表 6 – 9　实验组与对照组指标的描述性统计

指标类型	指标名称	均值			差值 （A – B）
		总体样本	实验组（A）	对照组（B）	
处理指标	村幼教育 经历	0.726	—	—	—
匹配特征	学生性别	0.434	0.428	0.450	– 0.022
	父母教育	2.708	2.642	2.883	– 0.242 **

续表

指标类型	指标名称	均值			差值 （A－B）
		总体样本	实验组（A）	对照组（B）	
匹配特征	经济条件	1.922	1.862	2.083	－0.222**
	家庭期望	3.169	3.082	3.400	－0.318
	就学距离	1.763	1.818	1.617	0.201**
评价指标	身体健康	3.447	3.371	3.650	－0.279**
	情绪控制	3.703	3.657	3.825	－0.168
	生活习惯	3.653	3.616	3.750	－0.134
	倾听习惯	3.450	3.459	3.425	0.034
	倾听能力	3.655	3.651	3.667	－0.016
	表达能力	3.534	3.465	3.717	－0.251**
	人际交往	3.616	3.604	3.650	－0.046
	社会适应	3.829	3.783	3.950	－0.167
	科学探索	3.370	3.280	3.608	－0.328***
	学习习惯	3.539	3.459	3.750	－0.291***
	学业学习	3.308	3.208	3.575	－0.367***

注：***、**、*分别表示在1%、5%和10%的显著性水平上显著。

2. 模型估计结果与讨论

（1）家庭入学决策方程估计

为实现实验组学生和对照组学生的样本匹配，本节首先估计了学生所在家庭的学前教育决策方程。其中，因变量为村幼教育经历，自变量为表6－8中的匹配变量，即学生性别、父母教育、经济条件、家庭期望和就学距离。上述方程的极大似然估计结果见表6－10。学生性别在统计上不显著，反映了现阶段父母在子女入学选择上基本能够做到男女平等。父母教育在10%的水平上显著为负，表明学生的父母只要有一方受教育程度高，对子女的学前教育服务需求水平便会提高。经济条件在 5% 的水平上显著为负，表明家庭经济条件越好，能够为子女负担学前教育费用越高，将倾向于让子女接受质量更好而费用更高的城幼教育。家庭期望在 10% 的水平上显著为负，表明父母对子女接受教育水平的期望越高，越愿意为子女提供更多的学前教育投资，让他们接受质量更好的城幼教育。此外，就学距离在 5% 的水平上显著为正。不难解释，学前教育阶段还未实行寄宿制，必须要求家长每日接送子女上下学，因而上下学接送相对方便仍然是父母让子女接受村幼教育的重要考虑因素。综上所述，父母受教育程度较高、经济条件较好的农村家庭，已经表现出让子女接受城幼教育的决策倾向。该结果符合上文的分析结论，即伴随农民收入水平的提高，家长对学前教育服务的需求水平将持续提升，因而将会有越来越多的家长选择让子女接受城幼教育。

表 6 – 10   基于 Logit 模型的家庭入学决策方程估计结果

变量名称	决策方程	平均边际效果
学生性别	– 0.136 (0.320)	– 0.025 (0.059)
父母教育	– 0.344* (0.203)	– 0.063* (0.037)
经济条件	– 0.619** (0.255)	– 0.114** (0.045)
家庭期望	– 0.200* (0.119)	– 0.037* (0.022)
就学距离	0.480** (0.245)	0.088** (0.044)
Pseudo – R^2	0.063	—

注：***、**、* 分别表示在 1%、5% 和 10% 的显著性水平上显著。本表省略了汇报常数项的估计结果，括号内的数值表示回归系数估计量的标准差。

（2）样本匹配及其匹配质量检验

第一，共同支撑域检验。基于家庭入学决策方程估计结果计算学生 i 接受村幼教育的条件概率 p_i 拟合值，即学生 i 的倾向得分。为保证样本匹配质量，需进一步讨论实验组和对照组的共同支撑域。若实验组与对照组的解释变量共同支撑域较窄，将导致共同支撑域之外的学生样本无法得到有效利用，进而造成样本损失。为了让学生样本得到更加充分的利用，本节在匹配方法上选择了核匹配法（带宽 = 0.06）[①]。图 6 - 1 是倾向得分匹配后的函数密度图。可以看出，匹配后的学生参加村幼教育的倾向得分值大部分重叠，大多数观察值在共同取值范围内。此外，实验组损失样本 5 个，对照组损失样本 1 个，相较于本节使用样本总量，损失样本的占比较低，因而共同支撑域条件是令人满意的。

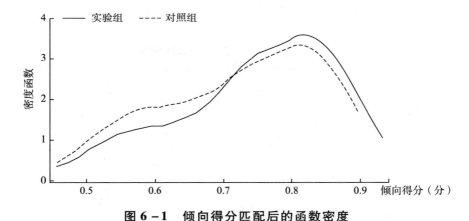

图 6 - 1　倾向得分匹配后的函数密度

① 各匹配方法只是匹配的质量和数量不同（Becker & Ichino，2002），究竟使用哪种匹配方法并没有明确指南。考虑到本研究所使用的样本中，可供匹配的对照组样本数量并不多，故将重点考虑核匹配法（带宽 = 0.06）对样本特征进行匹配。核匹配法是将实验组个体得分值与控制组所有样本得分值进行加权平均，相应的权数则由核函数计算得出，所得加权平均结果得到 1 个样本个体，将该样本个体作为实验组样本的匹配对象。

第二,平衡性检验。理想的样本匹配结果是经过匹配后的实验组和对照组之间在协变量方面不能够存在显著的系统性差异。根据表6-11中的平衡性检验结果,所有协变量的标准化偏差均有不同程度的下降,而且t检验的结果均不拒绝实验组与对照组无系统差异的原假设。此外,样本匹配后所有解释变量的标准化偏差均值从25.0%降到了5.0%,总偏误明显降低。似然比检验表明,匹配前解释变量的联合显著性检验在5%的统计水平上显著,而匹配后该检验值不再显著。上述检验结果表明,就平衡这两组样本之间的解释变量的分布而言,倾向得分匹配法确实能够降低实验组和对照组之间的差异,倾向得分估计和样本匹配是成功的。

表6-11 平衡性检验结果

| 变量名称 | 匹配类型 | 均值 | | 标准化偏差(%) | t值 |
		实验组	对照组		
学生性别	匹配前	0.428	0.450	-4.5	-0.30
	匹配后	0.429	0.447	-3.7	-0.33
父母教育	匹配前	2.642	2.883	-30.1	-2.04**
	匹配后	2.662	2.607	6.9	0.62
经济条件	匹配前	1.862	2.083	-35.5	-2.33**
	匹配后	1.870	1.888	-2.9	-0.26
家庭期望	匹配前	3.082	3.400	-23.6	-1.54
	匹配后	3.117	3.226	-8.1	-0.71
就学距离	匹配前	1.818	1.617	31.5	1.97**
	匹配后	1.779	1.757	3.4	0.31

注:***、**、*分别表示在1%、5%和10%的显著性水平上显著。

(3)村幼教育效应测算结果

表6-12给出了利用倾向得分匹配法测算的村幼教育经历

对学生入学准备能力产生的平均处理效应。结果显示，在身体健康、情绪控制、生活习惯、倾听习惯、倾听能力、人际交往、社会适应等其他维度，接受城幼教育的学生与接受村幼教育的学生在得分上并未表现出显著的差异。可能的原因是，一方面村幼教育不仅能够为儿童提供看护服务，也有专业的幼儿教师按照教学要求对儿童进行教育；另一方面，广义学前教育包括机构教育和家庭教育两个部分，家庭教育能够在某些维度与机构教育产生较好的互补效应。以人际交往为例，在幼儿教师的引导下，城幼教育和村幼教育都能为儿童提供一个良好的社交环境，儿童都能够凭借自身努力结交到好朋友。如果出现儿童欺负他人或被他人欺负的情况，都会有幼儿教师出面对儿童的不良行为进行及时纠正，因而城幼教育和村幼教育对儿童的人际交往维度发展的影响不会存在显著差异。同时，多数家长也会在日常生活中引导子女与人为善，强化儿童的人际交往能力。因此，城幼教育和村幼教育在人际交往维度上并不会对儿童产生不同的影响。

然而，接受村幼教育的学生在语言表达维度的得分比接受城幼教育的学生低 0.262。接受城幼教育的学生在科学领域的表现较为突出，在科学探索、学习习惯、学业学习三个维度的得分均显著高于接受村幼教育的学生，得分差值分别为 0.247、0.302 和 0.398。不难解释，村幼教育表现不佳的维度均需要教师对在园幼儿进行系统性培育，特别是在科学领域，更需要依靠规范的课程设置才能完成。结合第四章中关于"幼儿师资队伍建设不强"和"村幼保育教育质量不高"的分析可发现，教育部门对农村学前教育的课程规范未进行明确的规定，也缺乏相应的教育质量考核机制，教学课程任由村幼教师自行安排，而农村优秀幼儿教师外流现象严重，在任幼儿教师又受限于各类主观因素和客观因素，难以有效地开展科学的保育工作，导致村幼教育未能在上述四个维度表现出应有的效应。

表 6 - 12　倾向得分匹配法估计结果

维度	匹配情况	实验组	对照组	ATT	t 值
身体健康	匹配前	3.371	3.650	- 0.279	- 2.24 **
	匹配后	3.377	3.477	- 0.100	- 0.75
情绪控制	匹配前	3.657	3.825	- 0.168	- 1.27
	匹配后	3.662	3.845	- 0.183	- 1.5
生活习惯	匹配前	3.616	3.750	- 0.134	- 0.97
	匹配后	3.610	3.701	- 0.090	- 0.69
倾听习惯	匹配前	3.459	3.425	0.034	0.28
	匹配后	3.458	3.386	0.072	0.55
倾听能力	匹配前	3.651	3.667	- 0.016	- 0.17
	匹配后	3.656	3.630	0.026	0.28
表达能力	匹配前	3.465	3.717	- 0.251	- 2.18 **
	匹配后	3.455	3.717	- 0.262	- 2.09 **
人际交往	匹配前	3.604	3.650	- 0.046	- 0.38
	匹配后	3.604	3.639	- 0.035	- 0.28
社会适应	匹配前	3.783	3.950	- 0.167	- 1.34
	匹配后	3.782	3.927	- 0.145	- 1.18
科学探索	匹配前	3.280	3.608	- 0.328	- 3.3 ***
	匹配后	3.286	3.533	- 0.247	- 2.65 ***
学习习惯	匹配前	3.459	3.750	- 0.291	- 2.58 ***
	匹配后	3.455	3.757	- 0.302	- 2.39 ***

续表

维度	匹配情况	实验组	对照组	ATT	t 值
学业学习	匹配前	3.208	3.575	-0.367	-3.49***
	匹配后	3.205	3.603	-0.398	-3.77***

注：***、**、*分别表示在1%、5%和10%的显著性水平上显著；平均处理效应的显著性检验结果利用自助法（Bootsrap）得到，重复抽样次数为200次。

为验证上述学前教育经历对学生行为发展影响效果的准确性，本节还采用不同参数选择的最近邻匹配法与核匹配法，对接受过村幼教育的实验组学生和接受城幼教育的对照组学生进行逐一匹配，稳健性检验结果见表6-13。从表6-13可以看出，采用不同参数选择的最近邻匹配法与核匹配法分别估算村幼教育经历对学生的影响，所得结果的估计系数的正负性和显著性与前文基本一致。这表明，前文所得结果具有较强的稳健性。

表6-13　最近邻匹配法和核匹配法估计结果的稳健性检验结果

维度	最近邻匹配法（n = 3）	最近邻匹配法（n = 5）	核匹配法（带宽 = 0.03）
身体健康	-0.132	-0.136	-0.164
情绪控制	-0.203	-0.194	-0.196
生活习惯	-0.108	-0.116	-0.150
倾听习惯	0.064	0.025	0.070
倾听能力	0.055	0.016	0.020
表达能力	-0.354***	-0.297**	-0.340***
人际交往	-0.092	-0.060	-0.072
社会适应	-0.206	-0.175	-0.188
科学探索	-0.260***	-0.218**	-0.258***

维度	最近邻匹配法 （$n=3$）	最近邻匹配法 （$n=5$）	核匹配法 （带宽 $=0.03$）
学习习惯	-0.381^{***}	-0.345^{***}	-0.381^{***}
学业学习	-0.392^{***}	-0.408^{***}	-0.458^{***}

注：***、**、* 分别表示在 1%、5% 和 10% 的显著性水平上显著；表中数据均为匹配后数据。

3. 小结

本节基于实地调研所收集的学生样本数据，利用倾向得分匹配法，将接受村幼教育的实验组学生和接受城幼教育的对照组学生进行特征匹配，构造出一个"反事实框架"。在此基础上，比较得出了村幼教育与城幼教育对儿童入学准备能力造成的不同影响，梳理出农村学前教育质量可能存在的提升空间。本节可以得到以下两点结论。

第一，城乡学前教育质量的相同项方面。"一村一幼"计划所提供的村幼教育服务虽然在师资建设、设施配置方面与城幼教育服务存在一定差距，但并不意味着村幼教育所发挥的效应会处处不如城幼教育。在身体健康、情绪控制、生活习惯、倾听习惯、倾听能力、人际交往和社会适应七个维度，接受村幼教育的学生与接受城幼教育的学生并未在得分上表现出显著差异。可能的原因在于，广义学前教育包括机构教育和家庭教育两个部分。一方面，村幼教育并不仅为儿童提供一个托管场所，而且在培养儿童入学准备能力方面发挥着显著的积极效应；另一方面，家庭教育作为机构教育的有益补充，在培养儿童入学准备能力方面所发挥的积极效应不容忽视。

第二，城乡学前教育质量的差异项方面。"一村一幼"计划仍处于探索阶段，所提供的村幼教育服务不可避免地与城幼教育服务仍存在较大的差距，主要表现在语言领域和科学领域。具体而言，在语言表达、科学探索、学习习惯和学业学习四个维度，接受村幼教育的学生的得分均显著低于接受城幼教育的学生。上述结果在第四章关于"幼儿师资队伍建设不强"和"村幼保育教育质量不高"的分析的基础上，进一步找出了师资队伍建设不强、课堂教学规范不足等问题导致的具体的教育服务质量短板，而这些短板大多表现在科学领域，不利于儿童进入小学后迅速进入学习状态。

第三节　家长主观评价维度下"一村一幼"计划的绩效评估

1. 模型选择与数据说明

（1）模型选择

本节将应用结构方程模型（Structural Equation Model，SEM）分析质量期望、质量感知、公平感知和家长满意度之间的逻辑关系。结构方程模型是对多变量分析的计量分析方法，对各变量之间可能存在的因果关系模型进行辨识、估计与验证，其特点在于能够同时处理多个因变量，并分析多变量间的交互关系。结构方程模型分为测量方程（Measurement Equation）和结构方程（Structural Equation）。其中，测量方程用于描述潜变量与可测变量之间的关系，例如反映质量感知的指标与质量感知的关系。结构方程用于描述潜变量之间的关系，例如质量感知与质量期望的关系。

本节的结构方程初始模型见图 6 - 2。结构方程模型包括两类变量：一类是可测变量，即可直接通过问卷调查或其他方式得到的可量化的数据，在图 6-2 中用长方形表示，例如教学能力、午餐质量、设施配置等；另一类是结构变量，又称潜变量，是一些不能准确和直接测量的变量，在图 6-2 中用椭圆形表示，例如质量感知、质量期望等。此外，可测变量与潜变量之间的关系，可用以下测量方程表示：

$$x = \Lambda_x \xi + \delta$$
$$y = \Lambda_y \eta + \varepsilon \tag{8}$$

对于潜变量之间的关系，通常写成如下结构方程：

$$\eta = B\eta + \Gamma\xi + \zeta \tag{9}$$

其中，x 是外生可测变量组成的向量；ξ 是外生潜变量组成的向量；Λ_x 是外生可测变量在外生潜变量上的因子负荷矩阵；y 是内生可测变量组成的向量；η 是内生潜变量组成的向量；Λ_y 是内生可测变量在内生潜变量上的因子负荷矩阵；B 表示内生潜变量之间的关系；Γ 表示外生潜变量对内生潜变量的影响；ζ 是结构方程中的残差项。

（2）数据说明

本节数据来源于笔者于 2018 年 10 和 12 月在四川省阿坝州汶川县、金川县和甘孜州新龙县开展的主题为"四川省'一村一幼'建设绩效评估"的农村实地调研，分为家长问卷与教师问卷两个部分。具体样本选择和调查方式如上文所述，在此不再赘述。本章的研究目的是分析家长对农村学前教育的满意度状态，因而仅选择子女接受村幼教育的家庭作为研究对象，最终整理得到了 159 个微观样本。

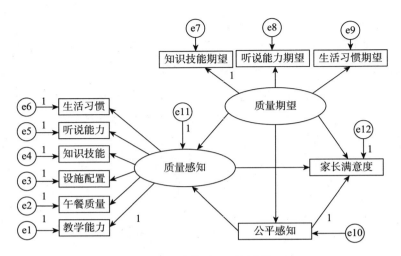

图 6 - 2　结构方程初始模型

（3）描述性统计

分项满意度评价得分测算结果（见图 6 - 3）显示，家长对农村学前教育的总体满意度得分为 4.063，处于比较满意状态。在质量期望和质量感知方面，质量期望的指数得分均值（3.966）略高于质量感知的指数得分均值（3.872）。具体而言，在质量感知指数的分项得分中，得分均值从高到低分别为知识技能（3.962）、教学能力（3.950）、听说能力（3.862）、午餐质量（3.862）、设施配置（3.843）和生活习惯（3.755）；在质量期望指数的分项得分中，得分均值从高到低分别为生活习惯期望（3.987）、听说能力期望（3.975）和知识技能期望（3.937）。需指出的是，公平感知指数得分仅为 3.321，远低于其他测度指标，家长对农村学前教育公平的感知评价处于一般状态。从具体选择情况来看，持"不认同"和"非常不认同"观点的家长占比高达 27%。这表明，部分家长对农村学前教育的服务质量可能仍持质疑态度。

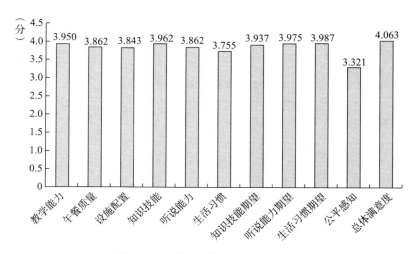

图 6-3 分项满意度评价得分

2. 模型检验与结果

（1）信度和效度检验

为了确定问卷的有效性和一致性，首先需要对使用的样本进行信度和效度检验。具体而言，信度检验主要用于检验调查问卷的稳健性和可靠性，通常使用 Cronbach's α 与组合信度进行测算。一般，Cronbach's α 在 0.6 以上便可认为问卷具有较好的信度。检验结果如表 6-14 所示，总量表的 Cronbach's α 为 0.828，两个潜变量的 Cronbach's α 分别为 0.824 和 0.834，组合信度分别为 0.877 和 0.900，表明本节研究数据具有较好的一致性。此外，效度检验是指测量量表是否能够正确地反映研究所预测的特质程度，通常使用内容效度和收敛效度进行测算。通过进行 KMO 和 Bartlett's 球形检验，得出总量表的 KMO 测度值为 0.835，Bartlett's 球形检验近似卡方值为 627.6，在 0.000 水平上显著相关。对各潜变量分别进行 KMO 和 Bartlett's 球形检验发现，两个潜变量的 KMO

测度值分别为 0.829 和 0.686，Bartlett's 球形检验值均在 0.000 水平上显著相关，平均方差提取量均大于 0.5，表明本节研究数据具有较好的效度。

表 6-14　信度与效度检验结果

潜变量	测量指标	载荷系数	Cronbach's α	组合信度（CR）	平均方差抽取值（AVE）
质量感知	教学能力	0.745	0.824	0.877	0.543
	午餐质量	0.706			
	设施配置	0.764			
	知识技能	0.791			
	听说能力	0.763			
	生活习惯	0.643			
质量期望	知识技能期望	0.902	0.834	0.900	0.751
	听说能力期望	0.895			
	生活习惯期望	0.798			

（2）模型检验及修正

本节选择以下适配度指数对模型进行检验：①绝对适配度指数，包括卡方自由度比（χ^2/df）、残差均方和平方根（RMR）、渐进残差均方和平方根（RMSEA）、适配度指数（GFI）和调整后适配度指数（AGFI）；②增值适配度指数，包括规准适配指数（NFI）、增值适配指数（IFI）、非规准适配指数（TLI）和比较适配指数（CFI）；③简约适配度指数，包括简约适配度指数（PG-FI）、简约调整适配指数（PCFI）、简约调整规准适配指数（PN-FI）、赤池讯息效标（AIC）和调整后的赤池讯息效标（CAIC）。利用 AMOS23.0 进行计算，检验结果见表 6-15。

表 6 – 15　结构方程模型的整体适配度指标

	检验量	理想值	初始模型	修正模型	适配判断
绝对适配度指数	χ^2/df	< 3	1.191	0.930	满足
	RMR	< 0.05	0.022	0.020	满足
	RMSEA	< 0.05	0.035	0.000	满足
	GFI	> 0.90	0.945	0.959	满足
	AGFI	> 0.90	0.910	0.929	满足
增值适配度指数	NFI	> 0.90	0.721	0.793	基本满足
	IFI	> 0.90	0.942	1.020	满足
	TLI	> 0.90	0.909	1.033	满足
	CFI	> 0.90	0.934	1.000	满足
简约适配度指数	PGFI	> 0.50	0.573	0.552	满足
	PCFI	> 0.50	0.679	0.691	满足
	PNFI	> 0.50	0.524	0.548	满足
	AIC	理论模型值分别小于独立模型值和饱和模型值	符合	符合	满足
	CAIC	理论模型值分别小于独立模型值和饱和模型值	符合	符合	满足

在初始模型的运行中，除 NFI（0.721）没有达到要求外，其他指标均达到要求。为了达到更加理想的拟合度，需要对模型进行修正。经过修正后发现，如果增加误差项 e_1 与误差项 e_3 之间以及误差项 e_4 与误差项 e_5 之间的共变关系，则可进一步降低 χ^2/df，而且此种共变界定符合测量模型的假定。修正模型如图 6 – 4 所示。经过结构方程模型修正后，NFI 虽然仍未达到理想值，但已基本满足适配判断。就其他适配度指数而言，χ^2/df 小于 3，RMR（0.020）、RMSEA（0.000）均小于 0.05，GFI（0.959）、AGFI（0.929）、IFI（1.020）、TLI（1.033）、CFI（1.000）均大于

0.90，PGFI（0.552）、PCFI（0.691）、PNFI（0.548）均大于0.05，基本符合对结构方程模型的要求，说明修正模型的整体拟合优度较好。

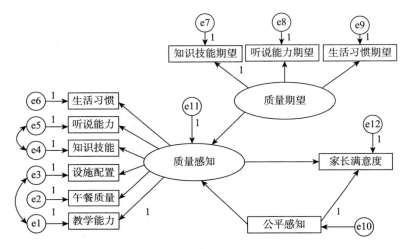

图6-4 结构方程修正模型

（3）满意度模型结果

根据上述结构方程模型验证的最终结果，得到研究假设的路径系数如表6-16所示。表6-16中的结果显示，质量感知对公平感知和家长满意度的路径系数分别为0.459和0.453，并且具有很强的显著性。这表明，家长感知到的农村学前教育服务质量越好，对农村学前教育的公平感知评价和总体满意度评价越高。公平感知对家长满意度的路径系数为0.276，并且具有很强的显著性。这表明，家长感知到的学前教育服务供给越公平，对农村学前教育的总体满意度评价越高。此外，质量感知将以公平感知为中介影响家长满意度，即对质量感知评价较高的家长通过提高公平感知评价，也将大幅提高对学前教育服务的总体满意度。就质量期望而言，质量期望对质量感知的路径系数为0.238，并且具有较强的显著性。这表明,家长对学前教育服务的期望度越高,对农村学前教育的质量感知评价越高。同时,质量期望将以质量感知为中介影响家长满意度,即对质量期望评价较高的家长通过提高质量感知评价,也将大幅提高对学前教育服务的总体满意度。然而,质量期望对公平感知和家长满意度的影响并不具备显著性。

表 6-16 潜变量路径系数显著性检验

路径	标准化值	非标准化值	S. E.	C. R.	P
质量感知←质量期望	0.238	0.207	0.091	2.282	**
公平感知←质量感知	0.459	1.229	0.249	4.944	***
公平感知←质量期望	0.128	0.297	0.188	1.577	0.115
家长满意度←质量感知	0.453	0.621	0.119	5.233	***
家长满意度←质量期望	0.123	0.146	0.086	1.694	0.090
家长满意度←公平感知	0.276	0.141	0.037	3.797	***

注: *** 、 ** 、 * 分别表示在 0.001、0.03 和 0.05 的显著性水平上显著。

从表 6-17 中的结果可看出,潜变量"质量感知"所涉及的六个可测变量的显著性都在 0.001 水平上。其中,知识技能的路径系数得分为 0.774,在六个可测变量中得分最高,接下来依次为听说能力 (0.757)、设施配置 (0.738)、教学能力 (0.716),而午餐质量和生活习惯的路径系数得分仅分别为 0.631 和 0.549。这说明,家长对农村学前教育的总体满意度评价将更多受到知识技能、听说能力、设施配置和教学能力的影响,而对午餐质量和生活习惯的重视度并没有其他方面高。不难解释,经济条件较好的农村家庭,为子女提供高质量午餐,帮助他们培养良好生活习惯并非难事,即便是在各自家中也可以完成。家长对幼儿园的需求更多是家庭教育无法提供的内容，例如知识传授、表达锻炼等方面。

潜变量"质量期望"所涉及的三个可测变量的显著性都在 0.001 水平上。其中，听说能力期望和知识技能期望的路径系数得分较高，分别为 0.872 和 0.864，而生活习惯期望的路径系数得分仅为 0.689。这说明，家长在子女接受学前教育之前，对幼儿园能够在听说能力和知识技能方面为子女提供帮助的期望更高，而相较于前两者，对生活习惯培养的期望较低。这一结果与上文关于总体满意度的论述内容基本一致。因此，为有效提高家长对农村学前教育的总体满意度，不应该局限于提供免费营养午餐、培养良好生活习惯等初级阶段，而应该从提高教育质量入手，加强对儿童入学准备能力的培养。

表 6-17　潜变量对可测变量的参数估计

路径	标准化值
教学能力←质量感知	0.716 ***
午餐质量←质量感知	0.631 ***
设施配置←质量感知	0.738 ***
知识技能←质量感知	0.774 ***
听说能力←质量感知	0.757 ***
生活习惯←质量感知	0.549 ***
知识技能期望←质量期望	0.864 ***
听说能力期望←质量期望	0.872 ***
生活习惯期望←质量期望	0.689 ***

注：***、**、*分别表示在 0.001、0.03 和 0.05 的显著性水平上显著。

3. 家长满意度对择校意愿的影响分析

（1）模型构建

结合上文对家长满意度的研究结论，本节将进一步分析影响家长择校意愿的满意度因素。具体而言，本节将被解释变量设定为家长是否具有择校意愿，构建了二元虚拟变量择校意愿，并通过对调查问卷中的"如果经济条件允许，您是否会考虑将子女送出农村，到其他幼儿园接受学前教育"变量进行衡量。若家长回答"是"则赋值为"1"；若家长回答"否"则赋值为"0"。

就解释变量而言，本节将首先选择总体满意度进行回归，探讨总体满意度对家长择校意愿的影响。在此基础上，将家长的总体满意度评价进一步分解为不同维度的满意度评价指标，对应于家长对学前教育质量感知的评价指标，包括教学能力、午餐质量、设施配置、知识技能、听说能力、生活习惯六个维度。对上述六个维度的解释变量同时进行回归，找出对家长择校意愿可能产生影响的维度，并着重对这些维度进行探讨。对上述核心解释变量的赋值说明如表 5-5 所示。就控制变量而言，本节参照本章中入学决策方程的变量选择，主要控制了家庭特征变量，包括学生性别、父母教育、经济条件、家庭期望、就学距离，具体的控制变量赋值说明如表 6-8 所示，在此不再赘述。

被解释变量是二元虚拟变量，不宜采用 OLS 回归。因此，本节将使用 Probit 模型来估计家长满意度对择校意愿的影响。本节所用估计模型的设定如下：

$$\Pr\left[choice_i = 1 \mid \mathbf{X}_i,\ \mathbf{Z}_j\right] = \Phi\left(\beta_0 + \Lambda\mathbf{X}_i + \Gamma\mathbf{Z}_i\right)$$

上述模型中，$\Phi(\cdot)$ 是正态分布的累积分布函数，$choice_i$ 为被解释变量择校意愿，$\Pr\left[choice_i = 1 \mid \mathbf{X}_i,\ \mathbf{Z}_i\right]$ 表示家长具有择校意愿的概率，β_0 为常数项，$\mathbf{X}_i$ 表示家长满意度评价所构成的向量，$\mathbf{Z}_i$ 表示村庄家庭特征变量所构成的向量，其中 i 代表不同的农村家庭。

（2）实证结果及分析

本节以择校意愿为被解释变量，对家长满意度和其他控制变量进行回归，结果汇报整理如表 6 – 18 所示。根据表 6 – 18 中的结果，就模型（1）而言，总体满意度在 1% 的水平上显著为负。家长对农村学前教育的总体满意度评价得分每提高 1 个单位，将显著降低家长择校意愿 39.0 个百分点。这表明，择校意愿最强的家长往往是对农村学前教育满意度偏低的家长。因此，提高家长满意度确实能够有效地提高家长对农村学前教育质量的信任度，进而让家长愿意将子女留在农村接受学前教育，而非经济条件不允许所做出的被迫选择，有利于巩固农村学前教育的生源渠道。

笔者从六个维度出发，进一步将总体满意度分解成了教学能力、午餐质量、设施配置、知识技能、听说能力、生活习惯，探讨了影响家长择校意愿的分项满意度因素。就模型（2）而言，教学能力、知识技能和听说能力在 1% 的水平上显著为负，说明家长对农村学前教育在上述三个维度的表现满意度评价越高，选择把子女送城市接受学前教育的意愿越低。其中，家长对教学能力、知识技能和听说能力的满意度评价得分每提高 1 个单位，将分别显著降低家长择校意愿 26.0 个百分点、20.3 个百分点和20.1 个百分点。然而，午餐质量、设施配置、生活习惯对家长择校意愿的影响并不显著。这表明，影响家长择校意愿的满意度因素表现具有差异性。家长在为子女选择幼儿园的时候，将更多考虑幼儿园教师的教学能力，以及子女在接受学前教育后是否能够真正地学到知识技能和提高听说能力。对于午餐质量、设施配置、生活习惯等方面，虽然家长在选择学校时也会将它们纳入考虑范围，但并非其考虑的主要因素，对其择校意愿的影响并不显著。这一结论与上文对家长总体满意度的影响因素的分析结论较为一致，表明本节的相关结论具有较强的稳定性。因此，为有效地提高家长对农村学前教育的满意度和信任度，应该从提高教育质量入手，加强对儿童入学准备能力的培养。

表 6 – 18　家长满意度对择校意愿影响的估计结果

	模型（1）		模型（2）	
	回归系数	平均边际效应	回归系数	平均边际效应
总体满意度	– 1. 420 *** （0. 258）	– 0. 390 *** （0. 053）		
教学能力			– 1. 032 *** （0. 358）	– 0. 260 *** （0. 084）
午餐质量			0. 211 （0. 310）	0. 053 （0. 078）
设施配置			0. 274 （0. 213）	0. 069 （0. 053）
知识技能			– 0. 807 *** （0. 291）	– 0. 203 *** （0. 071）
听说能力			– 0. 798 *** （0. 303）	– 0. 201 *** （0. 073）
生活习惯			0. 249 （0. 213）	0. 069 （0. 053）
家庭特征	控制		控制	
Pseudo – R^2	0. 192		0. 257	

注：***、**、* 分别表示在 1%、5% 和 10% 的显著性水平上显著。本表省略了汇报常数项的估计结果，括号内的数值表示回归系数估计量的标准差。

4. 小结

本节基于实地调研所收集的家长样本数据，利用结构方程模型，对影响家长满意度的因素进行了实证检验。同时，为进一步探讨家长满意度可能对其择校意愿的影响，在控制家庭特征的基础上，利用 Probit 模型实证检验了影响家长择校意愿的满意度因素。本节可以得到以下三点结论。

第一，家长满意度得分及其影响因素方面。家长对农村学前教育的主观评价较好，总体满意度得分为 4.063，处于基本满意状态。对家长满意度指标进行再细化，发现家长对各分项评价也取得了较好的成绩，从高到低分别为知识技能、教学能力、听说能力、午餐质量、设施配置和生活习惯。对家长满意度的影响因素进行分析发现，家长满意度评价主要受其主观质量感受影响，他们感知到的农村学前教育服务质量越好，对总体满意度评价也会越高。家长感知到的学前教育服务供给越公平，对农村学前教育的总体满意度评价越高。同时，质量感知将以公平感知为中介影响家长满意度，即对质量感知评价较高的家长通过提高公平感知评价，也将大幅提高对学前教育服务的总体满意度。而就质量期望而言，家长对学前教育服务的期望度越高，对农村学前教育的质量感知评价越高，并且将以质量感知作为中介影响家长满意度。

第二，质量感知的影响因素方面。对农村学前教育服务质量的评价包含多个维度，但多数家长存在个人偏好，在对农村学前教育服务质量进行评价时，每个维度所占权重可能存在差异，进而导致家长的主观评价情况与实际服务质量存在差距。通过对质量感知进行实证分析发现，本节选择的六个可测变量对质量感知影响的显著性虽然均在 0.001 水平，但具体的路径系数得分存在差异，其中得分较高的分别为知识技能、听说能力、设施配置和教学能力，得分较低的分别是午餐质量和生活习惯。考虑到质量感知是影响家长满意度的主要因素，因而家长对农村学前教育的总体满意度评价将更多受到知识技能、听说能力、设施配置和教学能力的影响,而对午餐质量和生活习惯的重视度并没有其他方面高。就质量期望而言,家长在子女接受学前教育之前,对幼儿园能够在听说能力和知识技能方面为子女提供帮助的期望更高,而对生活习惯培养的期望较低。

第三,家长择校意愿的影响因素方面。择校意愿最强的家长往往是对农村学前教育满意度偏低的家长。家长满意度评价得分每提高 1 个单位,将显著降低家长择校意愿 39.0 个百分点。本节进一步将家长满意度细分为质量感知的六个分项主观评价,结果发现,并非所有的分项主观评价都会对家长择校意愿产生显著影响,并且就产生显著影响的因素而言,在具体的影响系数方面也存在一定的差异。家长对教学能力、知识技能和听说能力的满意度评价得分每提高 1 个单位,将分别显著降低家长择校意愿 26.0 个百分点、20.3 个百分点和 20.1 个百分点。换言之,家长在为子女选择幼儿园的时候,将更多考虑幼儿园教师的教学能力,以及子女在接受学前教育后是否能够真正地学到知识技能和提高听说能力,而农村幼儿园在午餐质量、设施配置、生活习惯等方面的表现,并不会对家长择校意愿产生显著影响。

第七章
"一村一幼"计划的整体评价与优化建议

第一节 "一村一幼"计划的整体评价

1. "一村一幼"计划的出台符合新时代背景

乡村振兴战略对城乡关系进行了再调适，用城乡融合来界定和推进城乡关系的发展，也相应地对包括基本公共服务在内的乡村发展提出了更高的要求。在此背景下，农村学前教育服务供给受到的影响是全面的，既有政策资源倾斜的历史机遇，也有外部环境变化的挑战。特别是对于民族地区农村，由政府主导的学前教育服务供给的难度更大、任务更紧迫以及内容更多，普遍存在更加突出的教育普及度低、教育不公平等问题。若不能有效地把握机遇，应对挑战，不但不能保有前期农村学前教育服务供给的发展成果，还可能陷入新的发展困境，成为乡村振兴发展的阻碍因素。

四川省推进"一村一幼"计划的创新探索，是聚焦民族地区学前教育发展短板，抢抓当前政策机遇，实施教育精准扶贫的大胆探索，也是落实党的扶贫开发战略、集中精力打赢民族地区脱贫攻坚战的重要实践。"一村一幼"计划由政府主导推进，符合民族地区农村学前教育服务供给责任的判断，并且所提供的免费农村学前教育服务具有较强的公益性和普惠性，突出了民族地区农村学前教育服务的准公共产品性质。总的来说，"一村一幼"计划有助于补齐民族地区农村学前教育服务供给短板，契合乡村振兴战略的总体要求，其出台符合新时代背景。

2. "一村一幼"计划的当期绩效基本符合预期

四川省"一村一幼"计划实施以来，经过各级党委、政府的共同努力，已初步形成了县、乡、村三级学前教育服务体系，各类学前教育发展指标实现对全国、全省平均水平的反超，倒逼了学前教育人才队伍建设，从整体层面提高了民族地区学前教育的师资水平，极大地推动了民族地区学前教育事业的发展。同时，"一村一幼"计划不仅巩固了"控辍保学"的根基，有利于推动民族地区的义务教育进入"良性循环"，从源头上防范了贫困代际传递现象的发生，还通过提供免费学前教育服务、免费营养午餐等形式，分担了家庭抚育负担，解放了家庭劳动力，创新了教育扶贫实践形式。除此之外，农村学前教育事业的发展，让农村幼儿园逐渐成为乡村的人流聚集中心，为基层党组织建设提供了新的阵地，并且有效地提高了乡风文明的整体水平。

考虑到四川省民族地区存在的"面大、人多、程度深"的贫困问题特点，推进农村学前教育发展的基础条件并不理想。"一村一幼"计划作为"自下而上"的基层实践探索，能够在短期内基本完成农村学前教育的普及工作，促成民族地区学前教育的"广覆盖"，已经完成了"一村一幼"计划出台的政策初衷。更重要的是，"一村一幼"计划并不仅为家长提供了一个安全的托儿场所，还在一定程度上兼顾了对儿童入学准备能力的培养，在身体健康、情绪控制、生活习惯、倾听习惯等多个方面的表现均与发展相对成熟的城幼教育不相上下。因此，"一村一幼" 计划在短期内能够取得上述成绩，无论是在教育普及还是教育质量方面都是值得肯定的，对其他地区推进农村学前教育发展具有重要的借鉴价值。

3. "一村一幼" 计划的合理性与低效性并存

四川省民族地区各县在推进 "一村一幼" 计划的过程中，由于投入的财政资金量已远远地超过了当地的最优投入规模，规模效率持续下降，教育财政效率呈逐年下降趋势，整体表现并不理想。然而，由于民族地区农村学前教育本身具有明显的准公共产品性质，对教育财政效率的评估结果固然重要，但并不是评价 "一村一幼" 计划整体绩效的唯一标准。在笔者看来，考虑到学前教育服务供给的重要性，为了快速实现农村学前教育的普及工作，在短期内出现教育财政效率不足的问题是可以接受的。因此，基于教育公平的考虑，"一村一幼" 计划的实施具有合理性。但考虑到公共财政资金的稀缺性，加大对农村学前教育服务的资金投入将会压缩其他农村公共服务领域的可用资金规模。就长期而言，依靠各级党委、政府持续增加财政资金投入，并不是推进民族地区农村学前教育事业实现健康发展的有效路径，因而 "一村一幼" 计划又表现出低效性。

就评估结果而言，规模无效率是制约教育财政效率提高的首要因素，而导致规模无效率的主要原因又在于农村幼儿园布局规划的不合理。不可否认，推进农村幼儿园的新建改建能够快速实现农村学前教育的普及工作，但正如上文所提的阿坝州 M 县，园均在园幼儿数量持续保持在 10 人，极大地增加了办园成本，造成了学前教育财政资金的浪费。如果能够合理规划农村幼儿园布局，在保证绝大多数儿童便捷入园的基础上，适度缩减农村幼儿园数量，增加园均在园幼儿数量，不仅有利于降低生均办园成本，还有利于对优势资源的集中使用，实现教育财政效率和学前教育质量的同步提高。当然，就个别边远行政村而言，如果确实难以通过多村联办等形式实现儿童集中就学，为确保教育公平的实现，即使存在规模效率不足的问题也是可以接受的。

4. "一村一幼" 计划的服务供给与需求错位

根据家长主观评价维度的评估结果，在影响家长整体满意度的诸多评价因素中，对农村幼儿园在教学能力、知识技能和听说能力等方面的评价表现得最为显著。因此，为有效提高家长对农村学前教育的总体满意度，农村幼儿园不应该局限于提供免费营养午餐、培养良好生活习惯等的初级阶段，而应该从提高教育质量入手，加强对儿童入学准备能力的培养。然而，儿童入学准备维度的评估结果表明，与城幼教育相较而言，接受村幼教育的学生在表达能力、科学探索、学习习惯和学业成绩方面的表现并不理想，而这些内容正好是影响家长主观评价的主要因素。可以看出，现阶段四川省民族地区农村学前教育服务供给，实际上未能有效契合家长的教育服务需求，存在严重的服务供给与需求错位问题。

就目前看来，四川省民族地区虽然还未出现大规模的农村适龄儿童转移的现象，但并不意味着家长充分相信农村幼儿园的教育质量。在本研究所使用的样本中，家长对公平感知的评价本来就偏低，并且有70.4%的家长在经济条件允许的情况下，会选择将子女送出农村，到其他幼儿园接受学前教育。这意味着，大多数家长受限于家庭经济条件，择校意愿难以转化为实际行动，不得已让子女留在农村接受学前教育。不难预测，伴随农村居民收入水平的持续提升，可能会有越来越多的家长将择校意愿转变为择校行为，把子女送出农村接受学前教育。结合第四章关于"儿童外出就学现象初现"的分析结论，若不采取针对性措施，伴随时间的推移，农村幼儿园面临的没有适龄儿童入学的问题不但不会得到缓解，反而会越来越严重，本研究在理论部分所提出的民族地区农村学前教育适龄儿童"空心化"现象将可能变为现实。因此，着力提高农村学前教育质量，特别是在师资培训和教学规范方面，有效地回应家长的教育服务需求，不仅重要，并且具有现实必要性和时间紧迫性。

第二节 "一村一幼"计划的优化建议

1. 稳步提高教育财政效率

第一，持续加大政府投入力度。首先，影响区域内学前教育公共财政分担比例的最主要因素是政府的分担意愿而不是经济发展水平（王海英，2016），在着重强调发展农村学前教育重要性的同时，要强化地方政府的主导责任意识，主导农村学前教育的发展；其次，在积极争取上级支持的同时，将学前教育经费列入各州、县财政预算，新增教育经费向学前教育倾斜，确保财政性学前教育经费在同级财政性教育经费中占比合理，合理调配各级各类专项资金，适度增加本级学前教育财政支出的灵活性；最后，推进"一村一幼"计划不能完全以行政区划为配置标准，必须把农村幼儿园建设规划和"美丽四川·宜居乡村""民族地区帮扶工程""教育助学工程"等民生工程结合起来，统筹利用各级各类项目资源，扩大各项目建设的正外部效应，为支持农村学前教育发展进行适当的政策倾斜。

第二，合理规划农村幼儿园布局。在"一村一幼"计划的具体实施过程中，要结合区域城乡发展趋势，客观判断农村学前教育需求，坚持顶层设计、分级负责的基本原则，确保农村幼儿园规模适度化，优质教育资源效益最大化，做实、做细农村幼儿园布局规划。一方面，根据区域人口密度、年龄结构、流动特征，做好实时监测适龄人口状态工作，科学预判适龄人口变化趋势。结合交通条件和现有学前教育资源，由县教育局统筹制定农村幼儿园的布局方案，纳入城乡建设总体规划，在适度兼顾多数儿童入学便捷性的同时，保障农村幼儿园的适度规模和适龄儿童的生源稳定，为实现优质学前教育资源的集中利用奠定基础。另一方面，依据幼儿园建园标准和布局方案，乡镇政府配合开展可行性研究，既要遵循空间规划，又要重视要素规划，着重提高教育财政效率，尽可能通过园所改建盘活富余公共资源，例如对撤点并校的空置校舍、村民活动中心进行改建等，配备必要的玩教具、保教和生活设施设备等。特别是在进行农村幼儿园布局规划时，应充分结合县级乡村振兴规划中对辖区内村庄的类型划分，对集聚提升、融入城镇、特色保护、搬迁撤并四类村庄进行区别规划。

第三，及时纠正财政支出偏误。首先，着力避免"重硬件轻软件"的错误倾向，在改善农村幼儿园硬件条件的基础上，适度增加对改善软件条件的财政支出占比，例如在幼儿教师队伍建设、特色课程教材开发等方面，杜绝"形象化工程"和"可视化工程"，为提高农村幼儿园的保育教育质量奠定坚实基础；其次，着力避免"一次性投入"的错误倾向，既要加大前期对园舍新建改建的一次性投入，确保园舍建设符合规定标准，也要加大对长期运营经费的投入，满足教职工工资支出、营养午餐费用、教玩具购置费用、场地维修等运营费用的基本开支，建立长效的运营保障机制；最后，容许"一村一幼"计划可能存在的试错成本，对前期布局规划不合理的农村幼儿园进行及时调整，适度优化农村幼儿园的数量规模，确保优质学前教育资源的集中利用，降低生均办学成本。

2. 扶持普惠性民办幼儿园

第一，明确界定政府与民办园的责任与义务。县级政府作为委托方将部分提供普惠性学前教育资源的任务交予普惠性民办幼儿园代理，要及时将角色由普惠性学前教育资源的"直接生产者"变为"间接供给者"，明确其在普惠性民办幼儿园管理中的主导责任（杨大伟，2019）。普惠性民办幼儿园作为代理人，应严格遵循"服务于广大人民群众""保证基本质量""价格相对低廉"等基本原则（王东，2017），按照政府要求提供普惠性学前教育服务，突出公益性和非营利性特征，分担县级政府的服务供给责任，与公办幼儿园形成有效互补，并依规按需享有相应的优惠扶持政策。需强调的是，普惠性民办幼儿园的公益性特征并不等同于公办，县级政府应尊重其市场主体的地位，主动承担相应的政策扶持责任，确保合理的政策优惠与奖补激励，形成政府和民办园之间以"扶持－限制"为核心的平等互惠关系，给普惠性民办幼儿园留出谈判、协商的余地（祝贺，2016）。

第二，大力扶持普惠性民办幼儿园。首先，严格参照普惠性民办幼儿园的认定要求，园舍安全、用房配置、户外场地、人员配置、设施设备等基础条件达标，保育教育质量基本达到当地同类公办幼儿园水平，收费标准合理，防止错评、漏评现象的发生。其次，积极落实普惠性民办幼儿园的优惠政策，由县级政府牵头设立普惠性民办幼儿园专项发展资金，重点用于支付园舍租金、幼儿资助、补充保教和生活设施设备、园舍维修改造、园长和教师学历提升和培训等，并在税费减免、职称评定、评先评优等方面赋予普惠性民办幼儿园与公办幼儿园同等的权利。最后，积极落实普惠性民办幼儿园的奖补政策，由县级政府牵头设立普惠性民办幼儿园发展专项奖补资金，一是用于奖励示范性强的普惠性民办幼儿园，奖励资金全额用于幼儿园发展，在区域内部树立发展标杆；二是用于补充玩教具、保教和生活设施设备、校舍维修改造等方面，提升普惠性民办幼儿园的整体水平。

第三，落实普惠性民办幼儿园监管机制。首先，对普惠性民办幼儿实施动态考核机制，由县教育局牵头，不定期对普惠性民办幼儿园办园情况进行抽查，重点检查幼儿园基础设施维护以及保育教育质量，对不符合认定标准或存在严重违规办园行为的，即刻撤销其普惠性民办幼儿园资格，停止享受优惠扶持政策，并于三年内不得进行资格申请。防止因控制成本而主动降低办园质量的错误倾向，避免普惠性民办园市场陷入"劣币驱逐良币"的恶性循环。其次，在县级相关部门的指导下，普惠性民办幼儿园应当建立健全财务会计、资产管理和预决算制度，定期公开幼儿园师资、在园幼儿和经费收支情况，主动接受相关部门和学生家长的监督检查。对采取不正当手段或审核把关不严，违反国家财政财务制度、乱收费及挪用专项资金的幼儿园，追究相关单位和个人责任，防止普惠性民办幼儿园的逐利行为发生。

3. 加强幼儿教师队伍建设

第一，加快补足教师供给缺口。首先，省政府和教育厅应在充分调研和论证的基础上，科学判断民族地区幼儿教师的需求趋势，鼓励省内具有学前教育专业的本、专科院校适度扩大招生规模，并结合民族地区需求实际，增办双语教学实验班。其次，地方政府可主动与高校建立合作关系，特别是与四川民族学院、西昌学院、阿坝师范学院等民族地区高校建立合作关系，共同制定教师培养方案，实现地方与高校之间的"定向－订单式"培养。重点实施双语教师定向培养计划，优先考虑本县户籍人口，与定向生提前签订定向培养计划协议书，合理约定双方的责任与义务。最后，紧抓中小学布局调整的契机，在适度尊重个人意愿的基础上，将小学富余编制教师转岗到农村幼儿园，并充分利用"一村一大"、"三支一扶"和西部志愿者等人才计划和资源，严格落实岗前培训制度，鼓励他们考取幼儿教师资格证，经考核合格后对其进行统一分配。

第二，加强师资队伍人员稳定。首先，着力改善农村幼儿教师生活条件和薪资待遇，将教师宿舍纳入农村幼儿园的基建范畴，确保幼儿教师能够吃上热饭、洗上热水澡。适度调整农村幼儿教师的薪资待遇，保证教师平均工资水平与当地国家公务员的平均工资水平基本一致，并根据各地财政情况逐步提高。加强教职工薪酬支付管理，确保按时足额发放教职工工资。其次，着力改善聘用教师的福利待遇，在持续缩小与在编教师薪资待遇差距的基础上，确保聘用教师同样享有"五险一金"、法定节假日、假期工资以及外出培训的基本权利，逐步消减编制限制导致的"同工不同酬"现象。最后，在物质奖励、评奖评优、职称评选等方面，重点向农村幼儿教师进行倾斜，并大力宣传农村幼儿教师崇尚保教、无私奉献的先进事迹，引导社会理解、关心农村幼儿教师，形成尊师重教的良好氛围。

第三，持续提高师资专业素质。首先，在公开招聘农村幼儿教师时，科学编制招聘计划，坚决执行规范的招聘程序和客观的评价标准，严格控制农村幼儿教师队伍的"入口"。其中，新聘专任教师应具备大专及以上学历和幼儿教师资格证，保育员应具备高中及以上学历并受过相关职业教育培训并考核合格。其次，在各州（市）教育局指导下，县级教育部门加快制定并实施农村幼儿教师职后培训计划，由地方财政拨付专项培训资金，按照区位就近、专业对口的原则，与各级各类师范院校、地方进修学校开展合作。结合当地师资队伍建设实际，分批次开展有系统性和针对性强的幼儿教师职后培训，有层次地提高农村幼儿教师的专业素质与保育能力。严格落实农村幼儿教师 5 年一周期不少于360 学时的全员培训制度，其中每年集中培训不少于 1 天。最后，由州（市）教育局统筹，建立健全城乡师资交流机制，定期选派农村幼儿教师骨干到县城幼儿园进行跟班锻炼，并对从县城主动交流到农村幼儿园的教师，在评先评优、职称评聘等方面予以倾斜。适当开展幼儿教师专业知识竞赛、教学研讨会、精品课程展示等活动，为全体幼儿教师提供一个展示自我的平台，促进城乡教师之间的沟通交流。

4. 着力提高保育教育质量

第一，着重加强课程规范建设。首先，由州（市）教育局负责对课程建设进行科学合理的顶层设计，着重强调学前教育课程建设在教育活动中的地位，加大课程建设政策的执行力度。县教育局结合当地教育发展实际，在适度结合家长教育需求的基础上，出台符合当地教育发展和文化特色的课程建设规范，并进一步细化课程内容设计，制定相应的课程规范说明。目前，应重点在提高儿童表达能力和培养儿童知识技能的课程设置上下功夫。其次，根据当地 3~6 岁儿童学习发展的特点，加快推进符合农村学前教育需求的幼儿教材的编译工作，特别是加快推进有益于开发学前儿童智力的语言类、活动类、游戏类双语教材的编译工作，并将社会主义核心价值观、民族文化有效融入教材中。最后，由县教育局牵头，按照就近原则，指定乡镇中心园与农村幼儿园建立教学指导关系，充分发挥乡镇中心园的示范引领作用，探索实施灵活多样的课程建设指导机制，积极开展教学观摩、跟班学习、课程研讨等活动。

第二，加快地方特色课程开发。相较于县城幼儿园，农村幼儿园，特别是民族地区的农村幼儿园，由于前期办学基础较差，加之园舍区位限制，缺乏对优质学前教育资源的吸引力，要完全复制县城幼儿园的标准化发展道路，具有较大的实施难度。当然，提高农村幼儿园的保育教育质量，并不意味着农村幼儿园必须照搬县城幼儿园的办学方式和内容，成为县城幼儿园在农村的"复制品"。若能践行"生活－民族－科学"一体化的课程开发理念（邓三英，2015），充分利用当地的自然禀赋和文化禀赋，开发特色精品课程，努力实现"一园一品"或"一园多品"，完全可以将区位劣势转变为区位优势，走具有农村特色的学前教育发展道路，满足家长的多元化教育需求，实现与县城幼儿园的差异化发展。例如，巧用园舍周边的自然资源，将乡村田园与幼儿保育教育相结合，把观察农作物的生长作为科学领域的活动内容；抑或结合民族地区的文化特色，将民族文化与幼儿保育教育相结合，将当地的传统民谣融入艺术领域。

第三，分类提高保育教育质量。促进城乡教育一体化发展，着力推进农村学前教育发展是一项系统化、渐进性的工程，加之民族地区学前教育基础薄弱，不可能一蹴而就。考虑到不同幼儿园的边际投入产出存在差异，同步推进城乡教育一体化发展与促进教育财政效率提高本就互相矛盾。在财政资金投入的现实条件约束下，可在"一村一幼"计划的中前期，按照"立足当前、规划试点、分步实施"的总体原则，在持续巩固农村学前教育普及率的基础上，结合实际建设条件，分类提高各幼儿园的保育教育质量。具体而言，由县教育局牵头组织对辖区内农村幼儿园进行质量摸底调查，综合考虑师资配置、教玩具配备、在园幼儿素质等基本因素，按照质量从低到高将农村幼儿园划分为促规范型、补短板型、树标杆型三种类别。三种类别的农村幼儿园，可分别采取促进课程规范建设、补齐课程设置短板以及建立特色课程体系的提质措施，确保所选提质措施契合当地发展现状。

5. 完善办学监管机制建设

第一，加强政府监管指导作用。首先，从儿童入学准备能力视角出发，通过有效整合结构性质量指标、过程性质量指标和结果性质量指标，建立科学的学前教育质量评价指标体系，成为指导农村幼儿园开展保育教育活动的重要参考，为提高保育教育质量提供方向引领；其次，以提高农村学前教育质量为基本出发点，采用统一的评价指标和工具对辖区内的幼儿园进行评价和监督，重点对比农村幼儿园与县城幼儿园所取得的教育成效差异，并针对成效差异开展专题调研和论证分析，为针对性缩小城乡学前教育质量提供科学的整改建议；最后，重点防控学前教育"小学化"倾向，各级教育部门深入基层进行检查指导，督促幼儿园实施自查自纠，并做好对家长的宣传教育工作，让家长深刻认识到幼儿园"小学化"问题的严重危害性，逐步形成共同关注、积极共育的良好社会氛围。

第二，充分发挥家长监督作用。首先，建立家长意见反馈信箱，按学期组织开展家长满意度评价调查，定期分乡镇召开家长代表座谈会，实时掌握家长对农村学前教育质量的主观评价，系统梳理农村学前教育发展可能存在的短板；其次，根据家长反馈的意见信息，组织开展专项调查工作，对存在的问题进行积极整改，对家长的误解进行详细解释，确保对家长意见做出有效、及时的回应，切实提高家长对农村学前教育的满意度评价；最后，在优化完善"一村一幼"计划的过程中，政府应该主动"蹲下身子"倾听家长的声音，让家长不仅享有形式上的参与权，同时享有实质性的决策权，邀请家长代表参与当地农村学前教育发展的各种决策，既要让家长代表将群众的意见带到政府，也要将政府的意图带回群众之中，建立行之有效的信息传递机制，逐渐培养家长在推进农村学前教育发展中的主人翁意识。

第三，引入第三方评估监测机制。各级党委、政府应逐渐把重心转移至"一村一幼"计划的政策执行阶段，而将政策绩效评估责任交由专业的第三方机构承担，确保评估结果的客观性和科学性。第三方机构在政府对"一村一幼"计划的任务目标和发展规划的基础上，至少从教育财政效率、儿童入学准备、家长主观评价等维度出发，对"一村一幼"计划的政策绩效进行定期评估。在此过程中，政府应督促第三方机构主动公开绩效评估的过程信息，并组织专家组对评估结果及服务质量进行验收，确保第三方机构评估结果的规范性和准确性。各级党委、政府应将验收合格的第三方评估结果作为"一村一幼"计划的工作成效参考，纳入年度工作考核范畴，并作为进一步优化"一村一幼"计划的决策参考，以此督促各级相关部门落实责任。

第八章
研究结论、政策启示及展望

第一节　主要结论

第一，乡村振兴战略对城乡关系进行了再调适，不仅通过政策资源倾斜，从供给侧对促进农村学前教育服务供给产生显著的直接影响，还通过促农增收、要素配置、人口流动等其他途径，改变农村学前教育服务供给的外部环境，对农村学前教育服务供给提出新的挑战，产生显著的间接影响。乡村振兴战略对农村学前教育服务供给的影响是全方位的，既有机遇也有挑战。若不能有效地把握机遇，应对挑战，不但不能保有前期农村学前教育服务供给的发展成果，还可能陷入新的发展困境，成为乡村振兴发展的阻碍因素。

第二，就产品性质而言，应以公共价值为依托，突出民族地区农村学前教育服务的准公共产品性质；就供给责任而言，应由政府承担服务供给的主导责任，并通过建立健全农村学前教育服务市场，引导市场主体分担相应的供给责任，逐渐形成多元服务供给模式；就供给导向而言，应倡导公共利益导向，在确保教育公平实现的基础上，适度增加供给效率维度的考量；就优化策略而言，应坚持"以评促优"的方式，基于服务供给绩效的实时监测情况，对民族地区农村学前教育服务供给内容实施动态调整。

第三，政府主导下的农村学前教育在理论层面将依次经历供不应需、供过于需、供不应需以及供需均等四个阶段，其中供需均等阶段意味着实现了城乡学前教育一体化和办好人民满意的教育的新时代目标。根据农村学前教育匹配分析结果，在民族地区农村学前教育服务供给过程中，应该警惕农村学前教育服务低水平供给陷阱和适龄儿童"空心化"现象两个困境，并且注重实施农村学前教育服务的效率供给、有效供给和精准供给三种优化措施。

第四，"一村一幼"计划极大地推动了四川省民族地区学前教育事业的发展，为基层党组织建设提供了新的阵地，有效地提高了乡风文明的整体水平。同时，"一村一幼"计划不仅在短期内促成民族地区农村学前教育服务的"广覆盖"，实现了对全国、全省平均水平的反超，还在一定程度上兼顾了对儿童入学准备能力的培养。"一村一幼"计划有效地体现了政府的主导责任，创新了教育扶贫的实践内容，符合新时代背景，并且所取得的政策绩效基本达到预期目标，对其他民族地区推进农村学前教育服务供给具有重要的借鉴价值。

第五，基于教育公平的考虑，"一村一幼"计划的实施具有合理性。但四川省民族地区各县在推进"一村一幼"计划的过程中，投入的财政资金量已远远地超过了当地的最优投入规模，导致教育财政效率整体表现并不理想，表现出低效性。同时，"一村一幼"计划所提供的学前教育服务的质量短板主要体现在表达能力、科学探索、学习习惯和学业成绩等方面，而这些内容正好是影响家长主观评价的关键因素，未能有效契合家长的教育服务需求，存在严重的服务供给与需求错位问题。为确保"一村一幼"计划的健康发展，亟须从稳步提高教育财政效率、扶持普惠性民办幼儿园等方面进行政策优化。

第二节　"一村一幼"计划的政策启示

1. 对民族地区农村学前教育服务供给目标的反思

第一，尽量兼顾教育公平与效率的实现。民族地区农村学前教育服务供给不仅具有经济效应和社会效应，还有显著的政治效应，对维护民族地区的稳定，提升民族凝聚力具有重要的意义。因此，实现民族地区的教育公平是任何教育政策制定的基本前提，这点不得动摇。当然，确保教育公平仅是推进学前教育服务供给的基本前提，而不是唯一目标。由于教育财政投入有限，为了提供更多、更好的农村学前教育服务，即便在民族地区，也不能忽视效率问题。在笔者看来，既不能就公平而谈公平，也不能就效率而谈效率，而应该将两者有效地结合在一起。在确保教育公平原则的基础上，适度地提高效率是为了更好地促进教育公平的实现。因此，在民族地区农村学前教育服务供给的目标设定上，应该尽量兼顾教育公平与效率。

第二，将教育质量与家长主观评价纳入目标考核。民族地区农村学前教育服务的供给目标，除了要求大力普及学前教育，让每个适龄儿童都享有受教育的权利外，最终还是落在学前教育服务供给的本质，即促进儿童的全面发展上。这便要求在解决"有没有"问题的基础上，还要解决"好不好"的问题。同时，学前教育服务作为公共服务，归根结底还是回应人民群众的需求，提高人民群众的获得感和幸福感。但现阶段的政府工作考核指标仅体现了服务供给数量上的增长，而忽略了供给质量以及受益者的感受。因此，在民族地区农村学前教育服务供给的目标设定上，应该将教育质量与家长主观评价纳入目标考核。

第三，促进城乡学前教育服务供给的共同进步。在学前教育资源由县级统筹的前提下，在县域内部实现城乡学前教育一体化已实属不易。但考虑到民族地区学前教育本来就存在起步晚、发展慢、基础差等问题，无论是县城还是农村，学前教育服务供给水平整体较低。如果仅将农村学前教育服务供给纳入扶持重点，忽略了县城学前教育的发展，不仅将严重地限制民族地区农村学前教育服务供给的水平上限，还不利于城乡学前教育之间形成互动发展的良好态势。因此，在民族地区农村学前教育服务供给的目标设定上，应该注重促进城乡学前教育服务供给的共同进步。

2. 对民族地区农村学前教育服务供给方式的反思

第一，强调政府对民族地区农村学前教育服务的兜底保障。民族地区农村存在严重的市场失灵问题，民办园缺乏"落地生根"的市场环境，导致学前教育服务的供给责任只能由政府承担。特别是个别边远行政村难以通过多村联办等形式实现儿童集中就学，面临办学成本较高的问题，为了确保教育公平的实现，也要因地制宜地采取"大篷车幼儿园"等不同形式，切实践行政府对民族地区农村学前教育服务的兜底保障。

第二，着力推进民族地区学前教育的多元服务供给。政府在民族地区农村学前教育服务供给中承担着主导责任，但并不意味着政府是唯一的供给主体。通过建立健全学前教育市场，参照对公办幼儿园的扶持标准，出台对其他类型幼儿园的扶持政策，既不盲目鼓励市场主体进入，防范个别主体的过度逐利行为，也不对市场主体进行区别对待，营造更加公平的市场竞争氛围。如果当地没有合适的市场基础，宁可由政府承担更多的供给责任，也不能盲目推进多元服务供给。此外，推进多元服务供给并不代表政府能够卸下学前教育服务供给的主导责任，而是要求政府因地制宜，在保障教育公平的基础上，充分利用市场力量，在不同地区探索推行多元合作供给的实现形式。

第三，实施"以评促优"，对服务供给内容进行实时调整。在确保教育公平的基础上，按照效率供给、有效供给和精准供给的基本原则，明确民族地区农村学前教育服务供给的目标控制，着重强调以实际成效为导向，以公众评价为导向，建立科学的绩效评估制度，对学前教育服务的供给绩效进行实时监测，及时发现供给短板，对民族地区农村学前教育服务供给方式进行动态调整，不断提升供给质量与效率。

第三节 本研究的不足与展望

限于研究目的和篇幅，以及笔者自身的能力，本研究在很多方面仍存在不足，主要体现在以下三个方面。

第一，对农村学前教育服务供需匹配的分析仍显不足。本研究在构建农村学前教育服务供给模型和需求模型时，为简化模型，分别仅考虑了财政投入水平和家庭收入水平所产生的影响，未能对其他影响因素进行详细论述，导致对服务供需匹配特征与发展趋势的分析不够深入。同时，在深化服务供需匹配分析的基础上，有待结合民族地区的特殊性，对民族地区农村学前教育服务供给方式做深入的理论与启示分析。

第二，样本数据有待进一步增加。在民族地区开展实地调研难度较大，部分地区的政府相关部门、学校和家长配合程度不足，加之每个行政村内的适龄儿童较少，村均符合要求的样本不足 10 人，因而在收集"一村一幼"计划相关材料的过程中面临较大的困难，只能通过电话访问的形式进行样本数据收集，耗时长且效果不理想。由于样本数据的不足，难以对"一村一幼"计划开展深入评估，例如分区域、分民族等，影响了评估结果的全面性。

第三，政策建议有待进一步完善。本研究虽然从教育财政效率、儿童入学准备和家长主观评价三个维度，对"一村一幼"计划展开了较为全面的政策绩效评估，但所得结论为政策优化提供的实证支撑仍显不足。部分政策建议仅根据对"一村一幼"计划的定性分析结果得出，未能通过定量分析对问题进行再细化，因而只在宏观层面进行政策优化的方向性指引，难以对政策提出针对性更强、操作性更优的建议。

当然，任何研究不足的发现，都为以后的创新研究开展进一步指明了方向。因此，笔者通过对本研究不足的梳理，对未来需要研究的问题进行了展望，主要包括以下几个方面。

第一，在本研究关于农村学前教育服务供给模型和需求模型分析的基础上，引入对其他影响因素的分析，持续优化对服务供给曲线和需求曲线的边际变化特征描述。同时，综合考虑民族地区的特殊性，构建民族地区农村学前教育服务供给模型和需求模型，绘制相应的服务供需匹配曲线，更好地指导民族地区农村学前教育服务的供给工作。

第二，进一步扩大样本调查范围，增加微观研究样本数量，并适当增加"一村一幼"计划的政策绩效评估维度，丰富各个维度的评价指标体系，以便更加全面地实施"一村一幼"计划的政策绩效评估。同时，与部分家庭达成长期追踪调查合作，从儿童入学准备能力视角对"一村一幼"计划的政策绩效进行动态监测，进而测算出"一村一幼"计划的长期投资回报。

第三，针对"一村一幼"计划中的重要问题展开专题研究，逐一破解农村学前教育发展中的重点和难点。例如，在幼儿园的布局规划方面，笔者将以某一个县为例，综合考虑行政村布局、教学资源分布、人口变化特征、交通条件等多方面因素，提出幼儿园的布局规划原则、流程以及具体措施，为其他地区开展幼儿园布局规划提供借鉴。

参考文献

［1］柏檀、王水娟、李芸：《外部性视角下我国学前教育财政政策的选择》，《教育与经济》2018 年第 5 期。

［2］蔡红梅、李子华：《青海藏区民族特色学前教育发展路径研究》，《教育评论》2012 年第 4 期。

［3］曹鑫莉、史大胜、胡月：《教育扶贫背景下民族贫困地区学前教育发展研究——以 MJ 县 LB 镇为例》，《民族教育研究》2018 年第 4 期。

［4］陈纯槿、柳倩：《学前教育对学生 15 岁时学业成就的影响——基于国际学生评估项目上海调查数据的准实验研究》，《学前教育研究》2017 年第 1 期。

［5］陈立鹏、李娜：《我国少数民族教育 60 年：回顾与思考》，《民族教育研究》2010 年第 1 期。

［6］陈蓉晖、安相丞：《农村学前教育公益普惠水平的测评与分析》，《中国教育学刊》2018 年第 11 期。

［7］程侃：《福建省财政分权和基础教育财政支出效率——基于 DEA_Malmquist 指数分析法》，《福建师范大学学报》（哲学社会科学版）2013 年第 3 期。

［8］褚宏启：《城乡教育一体化：体系重构与制度创新——中国

教育二元结构及其破解》，《教育研究》2009 年。

[9] 褚宏启：《教育制度改革与城乡教育一体化——打破城乡教育二元结构的制度瓶颈》，《教育研究》2010 年第 11 期。

[10] 崔国富、耿海英：《学前教育的基础性与农村幼儿园小学化、城市化的矫治》，《现代教育管理》2013 年第 9 期。

[11] 崔总合：《市场机制与政府作用的耦合：当前学前教育发展的基本路径》，《现代教育管理》2018 年第 4 期。

[12] 邓峰：《教育政策演进与教育评估转型——美国提高基础教育质量的经验与启示》，《北京大学教育评论》2013 年第 1 期。

[13] 邓三英：《"生活－民族－科学"一体化：民族地区幼儿园课程开发新理念》，《湖南师范大学教育科学学报》2015 年第 5 期。

[14] 丁煌：《政府的职责："服务"而非"掌舵"——〈新公共服务：服务，而不是掌舵〉评介》，《中国人民大学学报》2004 年第 6 期。

[15] 丁建福、成刚：《义务教育财政效率评价：方法及比较》，《北京师范大学学报》（社会科学版）2010 年第 2 期。

[16] 董辉：《择校治理的"本地化"：发达地区政府的政策实施行为》，《教育发展研究》2014 年第 18 期。

[17] 杜文静、葛新斌：《西方教育政策评估模式的演进及其启示》，《清华大学教育研究》2017 年第 2 期。

[18] 范国睿：《教育政策的理论与实践》，上海教育出版社，2011。

[19] 高光、张民选：《经济合作与发展组织的三大国际教育测试研究》，《比较教育研究》2011 年第 10 期。

[20] 高萍、冯丹丹：《农村公共产品农民需求优先序的灰色关联

分析——基于湖北农村问卷调查的研究》，《财政研究》2012年第 3 期。

[21] 葛新斌：《乡村振兴战略：农村教育究竟能做些什么？》，《华南师范大学学报》（社会科学版）2018 年第 2 期。

[22] 龚锋、卢洪友：《财政分权与地方公共服务配置效率——基于义务教育和医疗卫生服务的实证研究》，《经济评论》2013年第 1 期。

[23] 郭化林、苏捷：《基于 DEA 的高等教育财政投入绩效第三方评估研究——以浙江省省属普通本科院校 2013 年数据为例》，《教育发展研究》2014 年第 17 期。

[24] 郭燕芬、柏维春：《我国学前教育经费投入－产出效率分析及政策建议》，《学前教育研究》2017 年第 2 期。

[25] 和经纬：《中国公共政策评估研究的方法论取向：走向实证主义》，《中国行政管理》2008 年第 9 期。

[26] 贺红芳、刘天子：《农村学前教育供给侧改革的理论内涵和实践路径》，《教育与经济》2018 年第 5 期。

[27] 洪秀敏、庞丽娟：《学前教育事业发展的制度保障与政府责任》，《学前教育研究》2009 年第 1 期。

[28] 胡宁生：《现代公共政策学：公共政策的整体透视》，中央编译出版社，2007。

[29] 胡平、秦惠民：《择校意愿的心理机制——义务教育服务满意度模型与实证研究》，《北京大学教育评论》2011 年第 4 期。

[30] 胡咏梅、卢珂：《"新机制"对义务教育普及影响的增值性评价——基于西部五省区县级入学率的分析》，《北京大学教育评论》2010 年第 4 期。

［31］黄洪、庄爱玲、张翼飞：《学前教育财政投入的分担机制研究——基于事权与支出责任相适应的视角》，《教育与经济》2014 年第 3 期。

［32］黄家骅：《义务教育均衡发展的公平、效率和质量——兼析择校行为的引导与规范》，《教育发展研究》2010 年第 18 期。

［33］纪德奎：《乡村振兴战略与城乡义务教育一体化发展》，《教育研究》2018 年第 7 期。

［34］贾晋、李雪峰、申云：《乡村振兴战略的指标体系构建与实证分析》，《财经科学》2018 年第 11 期。

［35］贾晋、李雪峰、王慧：《赢在起跑线？——学前教育经历与青少年多维能力发展的实证研究》，《教育与经济》2018 年第 6 期。

［36］贾俊雪、郭庆旺、宁静：《财政分权、政府治理结构与县级财政解困》，《管理世界》2011 年第 1 期。

［37］江夏：《"准公共产品"抑或"公共服务"——不同视域中的学前教育属性及其供给差异》，《教育理论与实践》2017 年第 11 期。

［38］康金莉：《20 世纪中国二元经济模式变迁与比较研究——基于三农视角》，《财经研究》2017 年第 9 期。

［39］赖昀、薛肖飞、杨如安：《农村地区学前教育教师资源配置问题与优化路径——基于陕西省 X 市农村学前教师资源现状的调查分析》，《教育研究》2015 年第 3 期。

［40］李冰：《城乡一体化：二元经济结构理论在中国的延续》，《人文杂志》2014 年第 2 期。

［41］李怀宇：《少数民族学生在学校教育中的文化适应——基于教育人类学的认识》，《贵州民族研究》2006 年第 4 期。

［42］ 李克勤、郑准：《县域学前教育资源配置评价模型及其应用》，《学前教育研究》2014 年第 10 期。

［43］ 李孔珍、洪成文：《教育政策的重要价值追求——教育公平》，《清华大学教育研究》2006 年第 6 期。

［44］ 李琳：《改革开放 40 年学前教育事业发展中政府责任边界的演变与启示》，《中国教育学刊》2019 年第 1 期。

［45］ 李玲、黄宸、李汉东：《"全面二孩"政策下城乡学前教育资源需求分析》，《教育研究》2018 年第 4 期。

［46］ 李玲、宋乃庆、龚春燕、韩玉梅、何怀金、阳泽：《城乡教育一体化：理论、指标与测算》，《教育研究》2012 年第 2 期。

［47］ 李曼音、王宁：《城乡基本公共服务均等化的现实困境与纾解》，《人民论坛》2018 年第 7 期。

［48］ 李伟涛、郅庭瑾：《基础教育公共服务的家长满意度分析与建议——以上海市为例的实证研究》，《全球教育展望》2014 年第 7 期。

［49］ 李祥云、徐晓：《中国学前教育财政制度重构——从社会福利转向公共服务》，《中南财经政法大学学报》2015 年第 4 期。

［50］ 李雪峰：《让学前教育"拓面""提质"》，《四川党的建设》2018 年第 12 期。

［51］ 李永红：《供给侧改革背景下的基本公共服务均等化分析》，《华东经济管理》2017 年第 8 期。

［52］ 栗玉香：《教育财政效率的内涵、测度指标及影响因素》，《教育研究》2010 年第 3 期。

［53］ 梁波、董婷：《农村义务教育"衰败"：危机与反思——以

J 省 N 地区六所农村小学为例的观察与分析》,《中国农业大学学报》(社会科学版) 2018 年第 1 期。

[54] 廖莉、谢少华:《农村学前教育发展中的政府行为探析》,《学前教育研究》2015 年第 1 期。

[55] 廖莉、袁爱玲:《农村学前教育财政投入的困境及其突破——基于广东省的实证调查》,《教育发展研究》2015 年第 6 期。

[56] 林检妹、潘月娟:《国外入学准备评价工具的关键特征分析》,《学前教育研究》2012 年第 9 期。

[57] 刘长生、郭小东、简玉峰:《财政分权与公共服务提供效率研究——基于中国不同省份义务教育的面板数据分析》,《上海财经大学学报》2008 年第 4 期。

[58] 刘积亮:《地区学前教育发展水平决定因素及财政投入政策研究》,《现代教育管理》2018 年第 7 期。

[59] 刘佳、马亮、吴建南:《省直管县改革与县级政府财政解困——基于 6 省面板数据的实证研究》,《公共管理学报》2011 年第 3 期。

[60] 刘书林:《坚持社会主义办学方向 办好人民满意的教育——学习习近平总书记在全国教育大会上的重要讲话》,《思想理论教育导刊》2018 年第 11 期。

[61] 刘焱:《入学准备在美国:不仅仅是入学准备》,《比较教育研究》2006 年第 11 期。

[62] 刘焱、涂玥、康建琴:《学前一年教育纳入义务教育的经费需求及可行性研究》,《教育学报》2014 年第 3 期。

[63] 刘焱、赵军海、张丽:《学前一年教育效能的增值评价研究》,《教育学报》2013 年第 3 期。

[64] 刘燕、吕世辰:《农村劳动力转移与随迁子女教育需求探

析》，《理论探索》2018 年第 4 期。

[65] 柳海民：《农村基础教育发展的拐点：由普及外延转向提升内涵》，《教育研究》2008 年第 3 期。

[66] 罗若飞：《供需均衡视角下我国学前教育供给制度发展研究》，博士学位论文，西南交通大学，2015。

[67] 罗英智、李卓：《当前农村学前教育发展问题及其应对策略》，《学前教育研究》2010 年第 10 期。

[68] 闵兰斌、周兢：《新疆学前双语教育发展的回溯、现状与趋向》，《当代教育与文化》2016 年第 2 期。

[69] 庞丽娟、洪秀敏、孙美红：《高位入手 顶层设计我国学前教育政策》，《教育研究》2012 年第 10 期。

[70] 庞丽娟、孙美红、张芬、夏靖：《世界主要国家学前教育普及行动计划及其特点》，《教育发展研究》2012 年第 20 期。

[71] 庞丽娟、王红蕾、吕武：《对"全面二孩"政策下我国学前教育发展战略的建议》，《北京师范大学学报》（社会科学版）2016 年第 6 期。

[72] 戚晓明：《基于因子分析的农村义务教育家长满意度研究——以江苏省为例》，《江苏社会科学》2015 年第 5 期。

[73] 秦金亮：《多元需求条件下办人民满意的学前教育政策旨趣》，《教育发展研究》2017 年第 2 期。

[74] 秦玉友、曾文婧：《新时代我国农村教育主要矛盾与战略抉择》，《中国教育学刊》2018 年第 8 期。

[75] 裘指挥、张丽、胡新宁：《农村地区构建学前教育公共服务体系的成效、问题与对策——基于中部地区 N 市的调研》，《教育研究》2016 年第 6 期。

[76] 任晓辉：《义务教育支出绩效评价指标体系设计》，《华中师

范大学学报》（人文社会科学版）2008 年第 4 期。

[77] 尚伟伟：《网络化治理视域下学前教育公共服务供给模式创新研究》，《学术探索》2016 年第 2 期。

[78] 石火学：《教育政策视角下的教育公平与效率问题研究》，《清华大学教育研究》2010 年第 5 期。

[79] 史瑾、叶平枝：《幼儿园教育环境质量与幼儿入学准备的关系》，《学前教育研究》2016 年第 8 期。

[80] 司树杰、王文静、李兴洲：《中国教育扶贫报告（2016）》，社会科学文献出版社，2016。

[81] 苏隆中、赵峰：《我国农村学前教育发展水平评价及区域的异质性——以 2013 年国家相关统计年鉴数据为基础》，《求索》2016 年第 12 期。

[82] 孙美红：《改革开放 40 年我国农村学前教育的变迁与政府责任》，《学前教育研究》2019 年第 1 期。

[83] 谈松华：《农村教育：现状、困难与对策》，《北京大学教育评论》2003 年第 1 期。

[84] 田慧生、曾天山、刘芳、马晓强、陈如平、单志艳、任春荣：《基础教育满意度实证研究》，《教育研究》2016 年第 6 期。

[85] 田贤鹏：《高校创新创业教育政策实施满意度调查研究——基于在校学生的立场》，《高教探索》2016 年第 12 期。

[86] 涂荣珍、张雯闻、黄大乾：《学前教育的价值与不平等现状：基于 CEPS 的实证研究》，《学前教育研究》2017 年第 10 期。

[87] 涂艳国：《中国儿童教育 30 年：1978～2008》，湖南师范大学出版社，2008。

[88] 王菠、王萍：《学前儿童入学准备的评估工具研究——基于英国剑桥大学入学准备之早期技能与支持评估简表的分析》，《外国中小学教育》2017年第6期。

[89] 王东：《构建普惠性幼儿园成本合理分担机制》，《教育科学》2017年第3期。

[90] 王海英：《学前教育成本分担研究》，人民教育出版社，2016。

[91] 王美英：《凉山彝族学前教育存在的问题及解决对策研究》，《民族教育研究》2017年第1期。

[92] 王善迈：《教育投入与产出研究》，河北教育出版社，1996。

[93] 王水娟、柏檀：《政府提供和私人生产——荷兰中小学治理模式》，《外国中小学教育》2012a年第12期。

[94] 王水娟、柏檀：《学前教育财政投入的效率问题与政府责任》，《教育与经济》2012b年第3期。

[95] 王延中：《中国民族发展报告（2016）》，社会科学文献出版社，2016。

[96] 王志平：《地区财政分权与农村义务教育配置效率：以江西为例》，《教育与经济》2016年第2期。

[97] 邬平川：《我国学前教育投入的政府责任探究》，《教育学报》2014年第3期。

[98] 吴佳莉、郑程月、吴霓：《"办人民满意的教育"的内涵、演进与实践路径》，《清华大学教育研究》2018年第6期。

[99] 武端利、李长真：《构建学前教育多元合作供给制度的理论分析——以"合作－收益"理论为视角》，《现代教育管理》2017年第5期。

[100] 夏婧：《我国农村学前教育管理体制的现实困境与出路》，《现代教育管理》2013年第12期。

［101］ 谢应宽、田兴江、吕晓：《西南民族地区农村学前教育发展的瓶颈与突破》，《学前教育研究》2014 年第 4 期。

［102］ 谢治菊：《民族教育重大政策实施效果调查分析——基于政策执行者的视角》，《理论与改革》2017 年第 4 期。

［103］ 谢治菊、朱绍豪：《民族教育政策实施效果评估：理论基础、指标设计与应用反思》，《民族教育研究》2017 年第 5 期。

［104］ 徐宝华、谭晓静：《民族地区学前教育现状与对策研究——以湖北恩施土家族苗族自治州潘家湾土家族乡为例》，《民族教育研究》2012 年第 2 期。

［105］ 徐君、邱雪梅、王韦韦：《农村弱势群体教育需求与教育服务研究——基于浙江部分地市的调查》，《浙江社会科学》2010 年第 7 期。

［106］ 徐群：《师资配置：当前农村学前教育发展的要务》，《学前教育研究》2015 年第 6 期。

［107］ 许彩玲、李建建：《城乡融合发展的科学内涵与实现路径——基于马克思主义城乡关系理论的思考》，《经济学家》2019 年第 1 期。

［108］ 阳曼超、孙启进：《论当前农村学前教育发展面临的困境与出路》，《江苏社会科学》2012 年第 S1 期。

［109］ 杨大伟：《委托代理视阈下普惠性民办园发展的困境及治理对策》，《现代教育管理》2019 年第 2 期。

［110］ 杨冬梅、夏靖、张芬：《以公立学前教育为主导 促进普及和公平——世界主要国家和地区学前教育办园体制改革的经验》，《教育发展研究》2010 年第 24 期。

［111］ 杨明、刘毅、赵细康：《广东居民收入变化与教育需求的

实证分析》,《学术研究》2003 年第 5 期。

[112] 杨钋:《教育经济学研究:美国的新发展》,《教育与经济》2010 年第 1 期。

[113] 姚林香、欧阳建勇:《我国农村公共文化服务财政政策绩效的实证分析——基于 DEA – Tobit 理论模型》,《财政研究》2018 年第 4 期。

[114] 姚艳燕、邢路姚远:《义务教育财政资金配置效率的统计测度——以广东省的实践为例》,《财政研究》2016 年第 5 期。

[115] 虞永平:《试论政府在幼儿教育发展中的作用》,《学前教育研究》2007 年第 1 期。

[116] 袁连生、田志磊、崔世泉:《地区教育发展与教育成本分担》,《清华大学教育研究》2011 年第 1 期。

[117] 袁振国:《深化教育政策研究 加强两种文化交流》,《教育发展研究》2000 年第 9 期。

[118] 曾满超、丁小浩:《效率、公平与充足:中国义务教育财政改革》,北京大学出版社,2010。

[119] 张仿松:《我国财政教育投资绩效评价指标体系研究》,《学术研究》2010 年第 12 期。

[120] 张更立、阮成武:《县域农村学前教育供给:现实困境与改进策略》,《教育发展研究》2015 年第 24 期。

[121] 张晖:《国家治理现代化视域下的城乡基本公共服务均等化》,《马克思主义理论学科研究》2018 年第 6 期。

[122] 张辉蓉、黄媛媛、李玲:《我国城乡学前教育发展资源需求探析——基于学龄人口预测》,《教育研究》2013 年第 5 期。

［123］ 张雷：《教育政策绩效评估的理论探讨》，博士学位论文，
华东师范大学，2014。

［124］ 张立荣、李军超、樊慧玲：《基于收入差别的农村公共服
务需求偏好与满意度研究》，《中国行政管理》2011 年第
10 期。

［125］ 张世义：《世界银行评估早期儿童发展政策的新框架及其
启示》，《学前教育研究》2015 年第 11 期。

［126］ 张卫民、张敏：《民族幼儿教育的困境与破解——基于重
庆秀山县金珠苗寨的田野考察》，《学前教育研究》2014
年第 1 期。

［127］ 张羽：《教育政策定量评估方法中的因果推断模型以及混
合方法的启示》，《清华大学教育研究》2013 年第 3 期。

［128］ 赵海利：《构建财政性学前教育投入增长的保障机制——
基于经济学需求与供给的视角》，《教育发展研究》2016
年第 20 期。

［129］ 赵军海：《入学准备并不只是幼儿园的事》，《基础教育研
究》2009 年第 10 期。

［130］ 赵丽娟：《基于家长满意度的区（县）政府教育工作绩效
评价的实证研究——以北京市 H 区为例》，《教育科学研
究》2017 年第 7 期。

［131］ 赵琦：《基于 DEA 的义务教育资源配置效率实证研究——
以东部某市小学为例》，《教育研究》2015 年第 3 期。

［132］ 赵彦俊、卢政婷：《我国发展少数民族学前教育的成就、
问题与建议——基于政策的视角》，《民族教育研究》2015
年第 1 期。

［133］ 郑春生：《"择校就学"在教育公平问题上的理想与现

实》,《社会科学家》2011 年第 5 期。

[134] 郑旭敏:《社会心理视角:中小学择校现象的成因分析》,《上海青年管理干部学院学报》2010 年第 3 期。

[135] 郑子莹、王德清:《学前教育公共服务体制下政府作用的合理边界》,《中国教育学刊》2012 年第 12 期。

[136] 朱红、刘荣昆、王一帆、施璐:《云南人口较少民族地区双语教学师资政策的执行与困境》,《云南农业大学学报》(社会科学版) 2016 年第 5 期。

[137] 祝贺:《地方政府应如何促进普惠性民办园的发展——来自美国学前教育 PPP 模式的经验》,《教育发展研究》2016 年第 20 期。

[138] 庄爱玲、黄洪:《我国学前教育财政投入绩效及城乡差异》,《教育与经济》2015 年第 4 期。

[139] Barbarin, O. A., Mccandies, T., Early, D., et al., "Quality of Prekindergarten: What Families Are Looking for in Public Sponsored Programs", *Early Education & Development*, 2006, 17 (4).

[140] Becker, S. O., Ichino, A., "Estimation of Average Treatment Effects Based on Propensity Scores", *The Stata Journal*, 2002, 2 (4).

[141] Berlinski, S., Galiani, S., Manacorda, M., "Giving Children a Better Start: Preschool Attendance and School-Age Profiles", *Journal of Public Economics*, 2008, 92 (5).

[142] Boyd, D., Grossman, P., Lankford, H., et al., "How Changes in Entry Requirements Alter the Teacher Workforce and Affect Student Achievement", *Education Finance and Policy*,

2006, 1 (2).

[143] Camilli, G. , Vargas, S. , Ryan, S. , et al. , "Meta-Analysis of the Effects of Early Education Interventions on Cognitive and Social Development", *Teachers College Record*, 2010, 112 (3).

[144] Claessens, A. , Engel, M. , "How Important Is Where You Start? Early Mathematics Knowledge and Later School Success", *Teachers College Record*, 2013, 115 (6).

[145] Cryer, D. , Burchinal, M. , "Parents as Child Care Consumers", *Early Childhood Research Quarterly*, 1997, 12 (1).

[146] Cunha, F. , Heckman, J. J. , Lochner, L. , et al. , "Chapter 12 Interpreting the Evidence on Life Cycle Skill Formation", *Handbook of the Economics of Education*, 2006, 1.

[147] Davies, S. , Janus, M. , Duku, E. , et al. , "Using the Early Development Instrument to Examine Cognitive and Non-cognitive School Readiness and Elementary Student Achievement", *Early Childhood Research Quarterly*, 2016, 35.

[148] Duncan, G. J. , Dowsett, C. J. , Claessens, A. , et al. , "School Readiness and Later Achievement", *Developmental Psychology*, 2007, 43 (6).

[149] Fantuzzo, J. , Perry, M. A. , Childs, S. , "Parent Satisfaction with Educational Experiences Scale: A Multivariate Examination of Parent Satisfaction with Early Childhood Education Programs", *Early Childhood Research Quarterly*, 2006, 21 (2).

[150] Fare, R. , Shawna, G. , Mary, N. , et al. , "Productivity

Growth, Technical Progress, and Efficiency Change in Indus-trialized Countries", *American Economic Review*, 1994, 84 (1).

[151] Fei, J., Ranis, G., "Development of the Labor Surplus Ec-onomy: Theory and Policy", *The Economic Journal*, 1967, 77.

[152] Forer, B., Zumbo, B. D., "Validation of Multilevel Constr-ucts: Validation Methods and Empirical Findings for the EDI", *Social Indicators Research*, 2011, 103 (2).

[153] Forget-Dubois, N., Lemelin, J., Boivin, M., et al., "Pr-edicting Early School Achievementwith the EDI: A Longitudi-nal Population-Based Study", *Early Education and Developme-nt*, 2007, 18 (3).

[154] Fox, G., "From Neurons to Neighborhoods: The Science of Early Childhood Development", *Journal of the American Acad-emy of Child & Adolescent Psychiatry*, 2002, 41 (5).

[155] Gong, X., Xu, D., Han, W. J., "The Effects of Presch-ool Attendance on Adolescent Outcomes in Rural China", *Ear-ly Childhood Research Quarterly*, 2016, 37 (4).

[156] Gredler, G. R., "Early Childhood Education—Assessment and Intervention: What the Future Holds", *Psychology in the Sch-ools*, 2000, 37 (1).

[157] Guhn, M., Zumbo, B. D., Janus, M., et al., "Valida-tion Theory and Research for A Population-Level Measure of Children's Development, Wellbeing, and School Readiness", *Social Indicators Research*, 2011, 103 (2).

[158] Harris, J. R., Todaro, M. P., "Migration, Unemployment and Development: A Two-Sector Analysis", *American Economic Review*, 1970, 60 (1).

[159] Heckman, J. J., Moon, S. H., Pinto, R., et al., "The Pate of Return to the HighScope Perry Preschool Program", *Journal of Public Economics*, 2010, 94 (1).

[160] Heckman, J. J., Raut, L. K., "Intergenerational Long-term Effects of Preschool-Structural Estimates from a Discrete Dynamic Programming Model", *Journal of Econometrics*, 2016, 191 (1).

[161] Hood, C., "A Public Management for All Seasons?", *Public Administration*, 1991, 69 (1).

[162] Hu, B. Y., Yang, Y., Ieong, S. S. L., "Chinese Urban and Suburban Parents' Priorities for Early Childhood Education Practices: Applying Q-sort Methodology", *Children and Youth Services Review*, 2016, 64.

[163] Hughes, O. E., *Public Management and Administration: An Introduction*, Macmillan International Higher Education, 2012.

[164] Janus, M., Offord, D. R., "Development and Psychometric Properties of the Early Development Instrument (EDI): A Measure of Children's School Readiness", *Canadian Journal of Behavioural Science*, 2007, 39 (1).

[165] Jaumotte, F., "Labour Force Participation of Women", *OECD Economic Studies*, 2003, 37 (2).

[166] Jinnah, H. A., Walters, L. H., "Including Parents in Evaluation of a Child Development Program: Relevance of Parental

Involvement", *Early Childhood Research and Practice*, 2008, 10 (1).

[167] Jorgenson, D. W., "Surplus Agricultural Labour and the Development of a Dual Economy", *Oxford Economic Papers*, 1967, 19 (3).

[168] Katz, L. G., "Multiple Perspectives on the Quality of Early Childhood Programs", *ERIC Digest*, 1993, 1 (2).

[169] Keys, T. D., Farkas, G., Burchinal, M. R., et al., "Preschool Center Quality and School Readiness: Quality Effects and Variation by Demographic and Child Characteristics", *Child Development*, 2013, 84 (4).

[170] Kim, J., Fram, M. S., "Profiles of Choice: Parents' Patterns of Priority in Child Care Decision-making", *Early Childhood Research Quarterly*, 2009, 24 (1).

[171] LaForett, D. R., Mendez, J. L., "Parent Involvement, Parental Depression, and Program Satisfaction among Low-Income Parents Participating in a Two-Generation Early Childhood Education Program", *Early Education & Development*, 2010, 21 (4).

[172] Lamb, M. E., Ahnert, L., "Nonparental Child Care: Context, Concepts, Correlates, and Consequences", *Handbook of Child Psychology*, 2007, 4.

[173] Lee, R., Zhai, F., Brooks-Gunn, J., et al., "Head Start Participation and School Readiness: Evidence from the Early Childhood Longitudinal Study-Birth Cohort", *Developmental Psychology*, 2014, 50 (1).

[174] Lewis, A. W. , "Economic Development with Unlimited Supply of Labour", *Manchester School of Economics and Social Studies*, 1954, 22.

[175] Li, J. , "Parental Expectations of Chinese Immigrants: A Folk Theory about Children's School Achievement", *Race Ethnicity and Education*, 2004, 7 (2).

[176] Luo, R. , Tamis-Lemonda, C. S. , Song, L. , "Chinese Parents' Goals and Practices in Early Childhood", *Early Childhood Research Quarterly*, 2013, 28 (4).

[177] Marti, M. , Merz, E. C. , Repka, K. R. , et al. , "Parent Involvement in the Getting Ready for School Intervention is Associated with Changes in School Readiness Skills", *Frontiers in Psychology*, 2018, 9.

[178] Moss, M. , "Broken Circles to a Different Identity: An Exploration of Identity for Children in Out-of-Home Care in Queensland, Australia", *Child & Family Social Work*, 2009, 14 (3).

[179] Mousavi, A. , Krishnan, V. , "Setting the Scope for Early Child Development Instrument (EDI): A Psychometric Re-Examination of the Tool with Alberta Data", *Social Indicators Research*, 2015, 122 (3).

[180] Pagani, L. S. , Fitzpatrick, C. , Archambault, I. , et al. , "School Readiness and Later Achievement: A French Canadian Replication and Extension", *Developmental Psychology*, 2010, 46 (5).

[181] Pears, K. C. , Fisher, P. A. , Kim, H. K. , et al. , "Im-

mediate Effects of a School Readiness Intervention for Children in Foster Care", *Early Education & Development*, 2013, 24 (6).

[182] Rao, N., Sun, J., Zhou, J., et al., "Early Achievement in Rural China: The Role of Preschool Experience", *Early Childhood Research Quarterly*, 2012, 27 (1).

[183] Rhinesmith, E., "A Review of the Research On Parent Satisfaction in Private School Choice Programs", *Journal of School Choice*, 2017, 11 (4).

[184] Rose, K. K., Elicker, J., "Parental Decision Making About Child Care", *Journal of Family Issues*, 2008, 29 (9).

[185] Rosenbaum, P. R., Rubin, D. B., "The Central Role of the Propensity Score in Observational Studies for Causal Effects", *Biometrika*, 1983, 70 (1).

[186] Sanbonmatsu, L., Kling, J. R., Duncan, G. J., et al., "Neighborhoods and Academic Achievement Results From the Moving to Opportunity Experiment", *Journal of Human Resources*, 2006, 41 (4).

[187] Scopelliti, M., Musatti, T., "Parents' View of Child Care Quality: Values, Evaluations, and Satisfaction", *Journal of Child and Family Studies*, 2013, 22 (8).

[188] Seiford, L. M., Thrall, R. M., "Recent Developments in DEA: The Mathematical Programming Approach to Frontier Analysis", *Journal of Econometrics*, 1990, 46 (1).

[189] Shlay, A. B., Tran, H., Weinraub, M., et al., "Teasing Apart the Child Care Conundrum: A Factorial Survey Analysis

of Perceptions of Child Care Quality, Fair Market Price and Willingness to Pay by Low-Income, African American Parents", *Early Childhood Research Quarterly*, 2005, 20 (4).

[190] Snow, K. L. , "Measuring School Readiness: Conceptual and Practical Considerations", *Early Education and Development*, 2006, 17 (1).

[191] Sternberg, R. J. , *Beyond IQ: A Triarchic Theory of Human Intelligence*, Cambridge University Press, 1985.

附录
调查问卷

家长调查问卷

调查地点：_____州_____县_____乡_____村

Q1：请问是×××（学生姓名）家吗？

A. 是

B. 不是（再次核实，若仍不是感谢并终止访问）

Q2：您是这个孩子的_____？

A. 父亲　　　　　　　　B. 母亲

C. 祖父母/外祖父母　　　D. 其他

Q3：您孩子的性别是

A. 男孩　　　　　　　　B. 女孩

Q4：目前，您家的经济收入是否能够满足日常开支？

A. 不能满足　　　　　　B. 基本满足

C. 满足且略有剩余　　　D. 非常满足

Q5：目前，您家到乡镇集镇中心所需的时间是多久？

A. 10 分钟以内　　　　　　B. 10 - 30 分钟

C. 30 分钟以上

Q6：孩子爸爸已完成的教育水平是什么？

A. 没接受过任何教育　　　　B. 小学

C. 初中　　　　　　　　　D. 高中及以上

Q5：孩子妈妈已完成的教育水平是什么？

A. 没接受过任何教育　　　　B. 小学

C. 初中　　　　　　　　　D. 高中及以上

Q6：您孩子目前的身体健康情况是什么样的？

A. 非常不健康　　　　　　B. 不健康

C. 一般　　　　　　　　　D. 健康

E. 非常健康

Q7：您是否认同孩子会对自己感兴趣的问题刨根问底？

A. 完全不认同　　　　　　B. 不认同

C. 一般　　　　　　　　　D. 认同

E. 完全认同

Q8：您及家人对孩子的教育期望是什么？

A. 初中毕业　　　　　　　B. 高中毕业

C. 本科毕业　　　　　　　D. 研究生及以上

E. 无所谓

Q9：麻烦您回忆一下，是否对孩子所上幼儿园的以下几个方面工作感到满意？

	非常 不满意	不满意	一般	满意	非常 满意
您对幼儿园老师的教学能力是否满意					
您对幼儿园提供的午餐是否满意					
您对幼儿园的教学硬件设施是否满意					

Q10：请问您是否认同以下观点？

	非常 不认同	不认同	一般	认同	非常 认同
您是否认同幼儿园让孩子学习到了足够的知识和技能					
您是否认同幼儿园提高了孩子的普通话听说能力					
您是否认同幼儿园帮助孩子养成了好的生活习惯					
您是否认同孩子上的幼儿园比其他幼儿园的质量差					

Q11：孩子上幼儿园前，您是否认同以下观点？

	非常 不认同	不认同	一般	认同	非常 认同
在上幼儿园前，您认为幼儿园会教孩子更多的知识和技能					
在上幼儿园前，您认为幼儿园会教孩子更多的知识和技能					
在上幼儿园前，您认为幼儿园会提高孩子的普通话听说能力					

Q12：总的来说，您对孩子所上的幼儿园是否感到满意？

A. 完全不满意　　　　　　B. 不满意

C. 一般　　　　　　　　　D. 满意

E. 完全满意

Q13：如果当时有条件，您是否会选择把孩子送出去读幼儿园？

A. 是　　　　　　　　　　B. 否

班主任调查问卷

学生姓名：_____ 小学名称：_____

学生所上幼儿园名称：_____ 是否为村幼：____

Q：请您根据该生在校期间的表现，对下列说法进行评价。

	非常不认同	不认同	一般	认同	非常认同
学生在校期间能够时刻保持愉快的情绪					
学生在校期间表达情绪的方式适度，不乱发脾气					
学生在校期间拥有良好的个人卫生习惯					
学生听不懂或有疑问时能够主动提问					
学生在集体中能认真倾听老师或其他人讲话					
学生能够听懂课堂教学中老师所说的普通话					
学生能够结合情境理解一些表示因果、假设等相对复杂的句子					
学生普通话发音清晰					
学生能够用普通话清楚表达他的意思					
学生能够做到不欺负别人，也不允许别人欺负自己					
学生有自己的好朋友，也喜欢结交新朋友					

	非常 不认同	不认同	一般	认同	非常 认同
学生在校期间能够和其他同学一起玩耍					
学生在集体活动时遵守秩序、保持安静					
学生能够很快学会新知识					
学生能够按时完成老师布置的作业或任务					
学生能够遵守课堂纪律，保证上课注意力集中					
学生的语文学业不存在困难风险					
学生的数学学业不存在困难风险					

图书在版编目（CIP）数据

让孩子站上公平起跑线："一村一幼"计划绩效研
究 / 李雪峰，贾晋著. -- 北京：社会科学文献出版社，
2021.7

ISBN 978 - 7 - 5201 - 8532 - 5

Ⅰ.①让…　Ⅱ.①李…　②贾…　Ⅲ.①乡村教育 - 学
前教育 - 研究 - 中国　Ⅳ.①G619.2

中国版本图书馆 CIP 数据核字（2021）第 114609 号

让孩子站上公平起跑线："一村一幼"计划绩效研究

著　　者 / 李雪峰　贾　晋

出 版 人 / 王利民
组稿编辑 / 恽　薇
责任编辑 / 颜林柯　贾立平

出　　版 / 社会科学文献出版社·经济与管理分社（010）59367226
　　　　　地址：北京市北三环中路甲 29 号院华龙大厦　邮编：100029
　　　　　网址：www. ssap. com. cn
发　　行 / 市场营销中心（010）59367081　59367083
印　　装 / 三河市尚艺印装有限公司

规　　格 / 开　本：787mm × 1092mm　1/16
　　　　　印　张：14　字　数：168 千字
版　　次 / 2021 年 7 月第 1 版　2021 年 7 月第 1 次印刷
书　　号 / ISBN 978 - 7 - 5201 - 8532 - 5
定　　价 / 98.00 元